零基础学写作

周晓丹 著

北京大学出版社
PEKING UNIVERSITY PRESS

内容提要

本书从写作的基础知识讲起，结合创作者的实际写作经历，重点介绍了写作基础知识、进阶写作的方法、不同文体的文章的写作技巧、写作变现的秘诀，让读者系统地理解写作技巧与变现思路。

本书分为5章，主要包括以下内容：重新认识写作——从0到1，开启写作之路；新手基础写作——零基础写出有温度、有深度的文章；进阶写作——打通写作思维，养成写作习惯；内容为王——不同文体的写作技法；写作变现——通过写作，打造个人品牌。

本书内容通俗易懂，案例丰富，实用性强，适合零基础，想学习写作、实现职场自我进阶的读者阅读。

图书在版编目（CIP）数据

零基础学写作 / 周晓丹著. — 北京：北京大学出版社，2023.8
ISBN 978-7-301-34239-8

Ⅰ. ①零… Ⅱ. ①周… Ⅲ. ①写作学 Ⅳ. ①H05

中国国家版本馆CIP数据核字(2023)第137952号

书　　　名	零基础学写作	
	LINGJICH XUE XIEZUO	
著作责任者	周晓丹　著	
责任编辑	王继伟　杨　爽	
标准书号	ISBN 978-7-301-34239-8	
出版发行	北京大学出版社	
地　　　址	北京市海淀区成府路205 号　100871	
网　　　址	http://www.pup.cn　新浪微博：@北京大学出版社	
电子邮箱	编辑部 pup7@pup.cn　总编室 zpup@pup.cn	
电　　　话	邮购部 010-62752015　发行部 010-62750672　编辑部 010-62570390	
印　刷　者	大厂回族自治县彩虹印刷有限公司	
经　销　者	新华书店	
	787毫米×1092毫米　32开本　6印张　191千字	
	2023年8月第1版　2023年8月第1次印刷	
印　　　数	1-4000册	
定　　　价	49.00 元	

未经许可，不得以任何方式复制或抄袭本书之部分或全部内容。
版权所有，侵权必究
举报电话：010-62752024　电子信箱：fd@pup.pku.edu.cn
图书如有印装质量问题，请与出版部联系，电话：010-62756370

目录

第一章

重新认识写作 从0到1，开启写作之路 / 001

- 第一节　写作心态：写，是最好的老师 / 002
- 第二节　写作行动：从0到1，开启写作之路 / 005
- 第三节　写作认知：做一名长期主义者 / 008
- 第四节　写作价值：写作的七大价值 / 012

第二章

新手基础写作 零基础写出有温度、有深度的文章 / 020

- 第一节　写作准备：写作之前需要做的4点准备 / 021
- 第二节　构思：11个步骤，写出一篇文章 / 026
- 第三节　主题：把握文章主题，搭建文章框架 / 033
- 第四节　标题：10个方法，写出优质标题 / 035
- 第五节　开头和结尾：10个方法，写出精彩的开头和结尾 / 045
- 第六节　文章素材：收集素材，搭建素材库 / 053
- 第七节　语言：7个方法，提升语言表达力 / 059
- 第八节　意境：4个方法，巧妙营造唯美意境 / 065
- 第九节　修改：6个方法，快速完成文章的修改 / 069

第三章

进阶写作 打通写作思维，养成写作习惯 / 075

第一节 　写作定位：定位写作领域，持续深耕 / 076
第二节 　持续写作：培养持续创作力，长久写作 / 080
第三节 　突破瓶颈：突破写作瓶颈，稳定创作 / 082
第四节 　写作输入：高效阅读，为写作增加输入 / 087
第五节 　写作时间：做好时间管理，高效写作 / 092
第六节 　写作习惯：养成良好习惯，轻松写作 / 096
第七节 　写作自律：自律，让写作更自由 / 105
第八节 　创意写作：提升创新能力 / 110
第九节 　写作建议：给写作者的10条建议 / 114

第四章

内容为王 不同文体的写作技法 / 119

第一节 　散文写作：散文的特点、分类及写作方法 / 120
第二节 　美文写作：避开写作雷区，打造爆款美文 / 129
第三节 　观点文写作：写出对读者有用的文章 / 148
第四节 　人物稿写作：写出人物灵魂 / 153
第五节 　金句创作：金句，为你的写作锦上添花 / 161
第六节 　干货文写作：分享经验，提供价值 / 167

第五章

写作变现 通过写作，打造个人品牌 / 171

第一节 　写作变现：写作变现的8个方式 / 172
第二节 　平台运营：多平台运营，扩大个人影响力 / 176
第三节 　出版图书：新手作者如何出书 / 178
第四节 　个人品牌：通过写作，打造个人品牌 / 182

第一章

重新认识写作

从 0 到 1,开启写作之路

第一节 写作心态：写，是最好的老师

01 如何开始写作？

有的人写作，是为了记录时光；有的人写作，是出于对文字的热爱；有的人写作，是为了投稿变现，把写作当作副业来经营。

每个人写作的原因不一样，但于自己而言，都是有意义的。

很多想写作的人都会遇到一种困境，那就是不知如何动笔。

写作的第一步，就是突破内心的障碍，大胆地写。不必在乎写得好不好，不必在意别人的眼光，也不必过度地关注结果。

文无定法，写作没有固定的章法。能够真实地表达自己的内在情感，能够给读者提供价值的文章，都是好文章。

村上春树曾说："不存在十全十美的文章，如同不存在彻头彻尾的绝望。"

先完成，再完美。写作初期，能够把文章完整地写出来，就是很好的开始。写作的六字箴言就是：开始写，坚持写。

在写作过程中，要及时建立反馈系统。这篇文章哪里写得好，哪里写得不好，阅读量如何，有多少读者喜欢，喜欢到什么程度，都可以作为反馈信息。然后，根据反馈信息，我们就可以针对具体问题，进行适当的修改。

千万不能因为自己刚开始写得不好就放弃，甚至怀疑自己，觉得自己不适合写作。

没有写够 100 万字，没有人可以断定自己是否适合写作。

02 写，是写作最好的老师

坚持去写，高频率地去写。在写作的过程中，不断地发现问题，解决问题，慢慢提升自己的写作技能，找到适合自己的文体和领域。

如果写作进入瓶颈期，就要提醒自己多读书增加输入，调整状态，重新开始。

突破瓶颈期最好的方法，就是写！唯有不停地写，不间断地写，才能在写作中慢慢突破。

著名作家林清玄曾这样讲述自己的写作经历："我一直坚持写作，希望能变成一名成功的作家。在我们那个地方，几百年来没有出现过一名作家，我知道要实现自己的理想，一定要比别人更勤快。我从小学三年级时开始，规定自己每天写五百字，不管刮风下雨，心情好坏；到了中学，每天写一千字的文章；到了大学，每天写两千字的文章；大学毕业以后，每天写三千字的文章。到现在已经四十年了，我每天还写三千字的文章。"

正是他几十年如一日的坚持，才让他一步步成为畅销书作家。

很多人羡慕他的成功，可是有多少人能够像他一样，一直坚持自己的梦想呢？

如果你也喜欢写作，想要成为作家，那么，从现在开始，坚持写作吧，在自己的辛勤浇灌下，终会开出梦想之花。

写作课里，也曾有小伙伴问我："要不要坚持日更？怎样才能坚持写呢？"

我回答她："日更，是一个很宽泛的概念。写作初期，建议日更，但不能强求日更。日更，是一种持续写作的状态，并非要求我们每天都要写出一篇文章，而是每天保持写作的状态和节奏，培养自己的写作思维，像作家一样去坚持写作，坚持练笔。"

写作时，要忠于自己的写作节奏，不要看到别人一天一篇文章，甚至一天几篇文章，就变得着急、焦虑。

每个人的可自由支配时间和精力不同，写作风格和写作领域也有差别。网络小说可以每天坚持写作五千字，甚至上万字，但对于散文和美文来说，就没有这个必要。

我们要尽早确定写作领域和文体。每个人擅长的文体不同，适合的写作领域也有所差别，这些没有好坏之分，适合自己的，才是最好的。

写作初期，可以尝试各种文体，这样才能明白自己擅长哪一种。

确定之后，就不要再人云亦云，轻易更改，不要看到别人写书评，自己也跟着写书评；看到别人写热点文，自己也跟风写热点文。

在适合自己的领域里持续深耕，才能不断地突破和进步。

坚持一年，你就会慢慢写出属于自己的文风；坚持三年，你就可以成为这个领域的佼佼者。坚持一辈子，也许你就可以成为这个领域的专家。

慢慢来，不要着急，给自己一点时间，只要你愿意坚持不懈地努力，写作也一定不会辜负你。

村上春树在《当我谈跑步时我谈些什么》里写道：不管全世界所有人怎么说，我都认为自己的感受才是正确的。无论别人怎么看，我绝不打乱自己的节奏，喜欢的事自然可以坚持，不喜欢怎么也长久不了。

写作，也是如此。如果真的喜欢，真的热爱，就认真地坚持写下去。

开始去写，坚持去写，就算没有人为你鼓掌，也要写下去。写出自己的所思所想，写出自己的所感所悟。

把自己感受到的爱恨离愁和悲欢喜乐，用文字表达出来。把世间的温暖和美好，化作柔软的文字，传达给每一个同样热爱美好的人。

人生，没有白走的路，每一步都算数。人生，也没有白写的字，每写一个字，都是为了成为更加优秀的自己。

写作，是一场漫长的旅行。余生路漫漫，我们一起上下求索。

第二节　写作行动：从 0 到 1，开启写作之路

有写作梦想的人很多，真正付诸行动的人却很少。

我经常会收到一些读者的留言，很多读者会有这样的疑问：我也很喜欢写作，但不知道怎么开始，怎么办？

其实，开始写作很简单，从第一个字写起，从第一篇文章写起。不管写得好不好，都要勇敢下笔，从 0 到 1，开启自己的写作之路。

我简单分享一下我的写作经历，希望能够给大家一点鼓励和启发。

01 我与文字的缘分

我从小喜欢读书，喜欢写作文，所写的作文也经常被当作范文被老师表扬、朗读。也是从那个时候，文字的种子便悄悄地在我心里种下了，只待岁月的阳光雨露将它滋养，等它慢慢开花。

我在写作时从未想过要有什么结果，喜欢本身就是最大的动力，也是最大的乐趣所在。

虽然长大后忙于工作和生活，但我依然保持读书的习惯。我并非刻意勉强自己去读，只是读书已经成为生活的一部分。

坚持阅读，让我的思维和眼界有了很大的提升，不困于眼前的繁荣嘈杂，也不计较一时的得失。

一直到现在，我都特别感谢自己养成了爱读书的习惯。因为广泛的阅读，为我后来的写作打下了良好的基础。

02 开启写作之路

书读得多了，便有了写作的冲动。

我在 2015 年注册微信公众号，一个人摸索着写作，没有系统学习，也没有写作的圈子，因为找不到写作的方向，我也曾中途放弃。

可是，写作依然是我的爱好。2017 年，我重新开始写作，刚开始是日更写作，在大量的写中培养自己的写作思维和写作习惯，也付费学习了一些写作课程，读了很多书，慢慢地丰富自己的知识体系，扩展自己的思维领域。

坚持读书与写作，不断地突破自己，也不断地成长。

2019—2022 年，是我写作爆发式发展的几年，也是我写作的高产期，我的两本书都是在这个阶段出版的。

这期间，我还写出了几十篇阅读量 10 万+、100 万+ 的爆文，有的文章被官媒《人民日报》《新华社》转载，有的文章获得今日头条"青云计划奖"。我还加入市作协、省作协、省报告文学学会、中国散文学会，参加奔流文学院作家研修，认识了更多优秀的作家。

同时，我开设了自己的写作课，和更多的写作爱好者一起写作，一起成长。因为我知道，一个人走很难，一群人可以走得更远。

一路走来，写作带给我太多的收获和感动。

写作，不仅充实了我的生活，也丰盈着我的生命。因为写作，我遇见了越来越好的自己；因为写作，我遇到了一群志同道合、同样热爱写作的朋友；也因为写作，我找到了生命的意义。

生命本没有意义，但因为写作，我有了思考的能力，我的生命就有了独特的意义。我不想做一个任凭命运摆布的"枝柯"。我想做一根有思想的"芦苇"。

用写作，写出生命的呐喊；用写作，记录流逝的光阴；用写作，诠释生命的意义。

03 坚持写下去

写作的窍门就是：热爱 + 专注 + 坚持。

热爱，是发自内心的喜欢，唯有热爱可抵岁月漫长。

当我们去做真正热爱的事情的时候，心情是愉悦的，内心也充满了力量。写作是漫长的孤旅，若非真正热爱，很难长久地坚持下去。我也很庆幸，在写作的道路上，遇到一群同样热爱写作的朋友，大家彼此鼓励，抱团取暖，携手前行。

专注，便是专注于写作本身，不过度关注结果，不过度与别人比较，也不要跟风。越是跟风，越是迷茫，越是找不到方向。不要本来喜欢散文，看到自媒体文章阅读量高，就去写自媒体文章；看到书评和文案稿费高，就去写书评和文案。这样写下去，结果可能是什么都没学会，什么都没写好，反而浪费了自己的时间和精力。

每个人都有自己的文字风格，找到自己的风格，好好写下去。唯有如此，长期坚持，才能在写作方面有所成效，有所提高。

而且到最后，我们会发现，最容易出成绩的地方，往往是我们最擅长的那个领域。

所以，在写作上，千万不要捡了芝麻丢了西瓜，得不偿失。

写作，同样需要长期坚持，养成写作习惯。

对于大部分人来说，写作最难的也是坚持。很多人写着写着，看不到希望或被拒稿、被别人嘲讽，就放弃了，非常可惜。

长期坚持写作，不仅依靠内心的热爱，还需要正向的反馈与鼓励。

正向的反馈，是读者的反馈，阅读量的反馈。有时候，读者的一句赞美，主编老师的一句夸赞，都可以让作者找到继续写下去的动力。

所以，我们写的文章，一定要公开发表出来，让更多的读者读到我们的文章，对我们的文章进行反馈。

对反馈进行分析，好的地方，我们继续坚持；不好的地方，我们加以改正，慢慢地提升自己的写作能力。

第三节 写作认知：做一名长期主义者

坚持写作和开写作课的这几年，我接触了很多写作者。慢慢地，我发现，真正能够坚持写作的，大概有两种人：一种是发自内心地热爱写作，外界因素很难动摇他们坚持写作的心。比如我的老学员"暗香盈袖"，她是我的第一期写作课学员，她对写作有一种"虔诚"的热爱，每节课都听得非常认真，每周都会写出一两篇文章发给我，让我点评辅导。因为热爱，一直坚持，她成长得也特别快。她的文章不断上稿官媒《新华社》《人民日报》，也不断地被《洞见》《十点读书》等大号转载，后来顺利签约一个知名的美文公众号。

另一种是在写作过程中，不断得到奖励的人。这些鼓励也许是物质奖励，如稿费或者其他的变现方式；也许是精神奖励，如读者对自己文章的喜欢和认可。无论哪种奖励方式，都可以鼓励自己坚持写下去。

鼓励初学者坚持写作的最好的方式就是上稿和变现。看到自己的文章上稿心仪的公众号，拿到稿费，就更有动力长期写下去。

长期坚持做一件事，很难。但能够长久地坚持下来的人，都能够在写作上有所成就。

写作是一件慢回报的事情，时间可以帮我们淘汰很多坚持不下来的人。

张磊在《价值》一书中写道：于个人而言，长期主义是一种清醒，帮助人们建立理性的认知框架，不受短期诱惑和繁杂噪声的影响。

写作，也是如此。如果你的目光仅局限在眼前，那么你往往会比较焦虑，一方面会觉得自己在写作上成长得太慢，另一方面又会想着如何快速通过写作变现。但是，当我们把目光放到未来的 7 年、10 年，甚至一生，你关注的不再是一时的得与失，不再是短期内的变现，而是长期的写作价值。你会慢慢专注于创作本身，专注于优质的内容，把主要的时间和精力用在提升自我、提升内容创作能力上。

到最后，我们会发现，写作，拼的不是一时的阅读量，写作的价值也不能用单一的稿费来衡量，而是一个人对写作的热爱、坚持和专注，是一个人的持续创作能力。

让我们做一名长期主义者，重新认识写作。

01 写作，点燃内在的力量

写作，是一种表达，一种情感的抒发。在现实生活中，当我们有了负面情绪却无法疏解的时候，可以尝试用写作来进行自我疗愈。

当我们把无法诉说的情绪诉诸文字的时候，很多不好的情绪就会随之慢慢消散，我们的内心会变得越来越安宁，越来越有力量。

写作的过程，也是一种内在思维整合的过程，可以重新梳理我们的价值观体系。写作一定伴随着思考。当我们写作思路越来越清晰，说明我们的思考越来越细致，越来越严谨。

写得越久，一个人的思考也就越深入，思维会越来越开阔，越来越深刻，考虑问题的角度也会悄然发生变化。

同时，写作也可以激发内心潜在的能量，帮助我们找到自我价值。

人，最难得的是认识自我，而写作，是我们认识自我、学会与自我相处的一种方式。

通过这几年的写作，我越来越清晰地意识到自己的需求，自己的想法，自己的价值所在。这些变化，从爱上阅读、爱上写作开始。同时，我也学会了接纳自我，爱上不完美的自己。

没有写作之前，我的业余时间都用来看电视剧，很多时间都被白白浪费了，生命的热情也被一点点消耗。

而当我开始写作，内心的热情重新被点燃，本人也重获自信，重新掌控自己的人生。

我的目光不再聚焦一些无聊的事，而是把更多的时间和精力放在写作上。从寻找选题到构思内容，从落笔行文到不断修改，直到看到自己的文章发表出来，愉悦感和满足感油然而生。

写作，可以倒逼我们读书、学习、思考，也可以让我们更加珍惜时间，提高做事效率。

当我们投入写作时，经常会觉得时间特别不够用。很多人都不是全职写作，而是既要工作，又要照顾家庭，只能早起晚睡挤出时间来写作。

也有的人是全职妈妈，平时要照顾宝宝，只能趁着宝宝睡觉的时间写作，唯有在写作中，才能从妈妈的角色中跳脱出来，重新成为自己。用笔下的文字，为自己的内心呐喊。

坚持写作，持续行动会不断激发自己内在驱动力，让自己变成更有价值的人。

02 做一名长期主义者

写作，既是一种艺术创作，也是一项技能。任何技能的精进，都需要时间的加持，需要不断打磨，需要长期积累，更需要耐心锤炼。

不管时代如何变化，不管写作平台如何变化，唯一不变的是写作的核心、写作的底层逻辑，那就是持续创作出优质的内容，创作出对读者有价值的内容。

成为长期主义者，需要我们有足够的耐心和足够的信心。在真正写出成绩之前，每个写作者都会经历一段默默无闻的时光。那段时光，你也许付出了很多努力，忍受了很多孤独和委屈，依然没有获得自己想要的成果。但我们唯有经历这段时间的磨炼，才能有所提升和成长。

真正的长期主义者，即使短期内看不到回报，也不会过于迷茫和焦虑，因为他（她）的内心，更加看重长期的价值。当产量达到一定程度，必然会产生质变。

这也就是我们所说的时间的复利效应。

"复利是世界上第八大奇迹，其威力比原子弹还大。"

也许，刚开始写作，你体会不到自己的改变，也看不到写作的前景和方向。但如果坚持写下去，在漫长的时间里，你的成长，你所得到的，都会超出预期。

所有的事情，只要在正确的方向上坚持做下去，都会在时间的加持下，出现意想不到的奇迹。

不过，我们也需要明白，复利曲线的初始阶段，增长是非常缓慢的。我们需要有足够的耐心，度过前期缓慢的积累期，等到爆发式的增长期。

当所有的努力，越过了转折的时间点，最终的效果才会呈现指数型增长。

日本作家松浦弥太郎说过：越是有价值、有意义的事业，想要出结果，花费的时间就越长。

做一名长期主义者，终身学习，终身成长。唯有如此，我们的写作，我们的人生，才能不断发展，享受时间带来的复利效应。

03 做一名终身成长者

终身成长者，拥有的是成长型思维，而不是固定型思维。固定型思维的人，会认为自己的能力是天生的，一成不变的，因此就原地踏步。

而成长型思维的人，会认为即使现在自己写得不够好，但通过后期的学习和努力，自己一定会越写越好。

因此，我们写作时，需要拥有成长型思维。写作本身，也可以促使我们成为终身学习者和终身成长者。

写作，本质上是一种输出，通过输出倒逼输入，可以帮助我们更好地学习。通过学习和积累，我们又可以有更多、更好的输出，从而形成正向循环。

掌握了写作的技能，就掌握了终身学习和终身成长的密码。

大多数人高估了一年之内可以做的事，而低估了10年之内可以做的事。

写作之初，大家的基础都差不多。然而，一段时间之后，有的人通过学习，坚持了下来。有的人写着写着，选择了放弃。

写作能够写出成绩的，不一定是天赋最好的人，一定是那些坚持写到最后，不断学习，不断突破，不断成长的人。

也许，坚持一两年，你在写作方面进步不大，但是，坚持3～5年，甚至10年，你一定可以突破现有的局限，实现爆发式的成长。

就如罗振宇所说：普通人的努力，在长期主义的复利下，会积累成奇迹。时间帮助了他们，他们成为时间的朋友。

与时间做朋友，与写作一起成长。写作，是一辈子的事。希望我们从现在开始，让写作成为生活的一部分。

爱上写作，终身写作。

向美而生，美美与共。

第四节 写作价值：写作的七大价值

这个时代，很多人对自己的人生不满意。他们每天忙忙碌碌，却过着自己并不喜欢的生活。

他们时而迷茫，时而焦虑。一方面想要改变现状，另一方面又不知道如何寻找方向。

如果你想要改变却苦于找不到方向，可以尝试一下读书与写作。

写作，是一个改变现状的支点。很多人在写作之后，人生轨迹开始慢慢发生变化。从爱上阅读、爱上写作开始，激发内在的精神力量，打开自己的思维与格局，获得人生更多的可能性。

01 写作，记录生活，记录成长

我最初爱上写作，就是为了表达自己的所思所想，为了记录自己的生活。

当时我特别喜欢巴金的一句名言：我之所以写作，不是我有才华，而是我有感情。

因为这个初心，我坚持写作 6 年。文字记录了我一路走来的酸甜苦辣，记录了我的成长轨迹。

我记录了自己的成长、情感、工作、家庭等各个方面，当我偶尔翻看那些文字，就能想起来当时的感受。

好的文字，可以与时代同生共长，甚至穿越时空，留下印记。

文字，让我们的成长有迹可循。

02 写作，抒发情感，深度疗愈

每个人，行走于苍茫的人世间，都有对美好生活的向往。

但在现实生活中，各种压力，各种烦恼，如影相随。

很多人在岁月的摧残下，迷失了自己，越迷茫，越焦虑；越痛苦，越找不到自己的价值。

而写作，可以让我们与自己好好相处。那些伤心的、难过的、开心的事情，即使无人倾听，也可以通过文字表达出来。

写得越多，我们对自己的了解就越深刻。写作，可以帮我们探寻内在的自我，重新认知自我。

《无声告白》里有句话：我们终此一生，就是要摆脱他人的期待，找到真正的自己。

写作，有疗愈作用。那些过往的伤痛、委屈，都会随着文字，慢慢治愈。文字，也是苦难中开出的一朵美丽的花。

长期坚持写作，内在的负面情绪会越来越少，内心也会变得越来越平静。

坚持写作之后，你会发现，自己变得越来越温柔，也越来越有力量。

借由写作，全身心地接纳自己，学会与自己相处，你的世界会变得自由而丰盈。

03 写作，培养审美力

开始写作之后，我发现自己对于美的感知越来越细腻。

有位读者在读了我的美文集《在最深的红尘里相逢》之后，发微信给我："读了你的书，我才真正感受到一年四季的美。原来，以前我错过了那么多美景。"

看到她发来的信息，我感到一阵怵动。没有写作之前，我也从未认真感受过生活的美，季节的美，岁月的美。

而现在因为写作，我那颗麻木的心，越来越柔软，越来越温润。

一支素笔，一颗素心，感受着春天的草木萌动，夏日的荷风送香，秋色里的桂香点点，冬季里的雪落无声。

于文字中，感受生生不息的美意。把所有的美，融入文章，也交付于岁月。

04 写作，锻炼思考力

思考力是写作能力的核心。写文章之前，我们肯定要考虑如何确定主题，如何行文布局，如何开头，如何结尾。

如果写一篇文章之前没有经过思考，这篇文章就会逻辑混乱，层次不清晰，主题不明确。

通过写作，可以培养和锻炼我们的思考力。而较强的思考力，可以让我们更好地把握事物的内在逻辑，通过现象看本质。

05 写作，提升行动力

很多喜欢文字的人，想要尝试写作，却一直没有勇气行动。

经常有人问我："我不会写怎么办？""不知道写什么怎么办？""写得不好怎么办？""现在写作还有前途吗？"……

你不学，你不写，你永远不知道如何去写，如何才能写好。

只有行动起来，才能在写作的过程中，不断地精进，解决各种问题。

"想都是问题，做才是答案"，很多事情，不是因为厉害了才去做，而是去做了才变得厉害。

写作初期，我们要远离那些毫无意义的批评，坚守自己的初心。不要过度追求结果，也不要过分在意别人的评价。

把关注点集中在写作本身。给自己时间，给写作时间。让自己慢慢成长，让写作能力慢慢提升。

通过写作，可以有效锻炼自己的行动力，让自己更高效地处理生活中的一切琐事，成为更有执行力的人。

06 写作，扩大影响力，打造个人品牌

当你把写作当成一种习惯，假以时日，就会形成你的个人品牌。

任何一个普通人，都可以通过写作，成就自己的品牌，放大自己的影响力。

畅销书作家李菁，因为热爱文字，从学生时代开始坚持写作。大学时期就出版了自己的第一本书，后来也一直在坚持读书写作，出版图书。

通过这些书，更多的人认识了这位温柔甜美的姑娘，成为她的读者。她也通过互联网不断扩大自己的影响力，打造个人品牌。

现在的她，和自己的灵魂伴侣诗意栖居湘西古镇，陪伴自己的父母。每年和自己的爱人旅行办公，畅游世界。她真正实现了物质和精神的双丰收，

左手运营商业，右手创造美学，活成了很多人理想中的模样。

时代，给了我们很多的机会。通过写作，我们也可以不断为自己的人生赋能，实现更多的可能性。

07 写作，助力自己成长蜕变

在我正式写作之前，我以为写作需要天赋，需要科班出身，需要有大量的自由时间。而如今，我已经写作 6 年，我发现，写作只需要两个条件：一是开始写，二是坚持写。

天赋，每个热爱写作的人多多少少都会有；时间，只要愿意挤，总还是有的；至于是否科班出身，更不必纠结，我身边有很多的写作者，都非科班出身。甚至一些知名作家，也是中途转型开始写作的，比如契诃夫，是学医出身；卡夫卡，是学习法律的；史铁生，只有中学学历；刘慈欣，成为作家之前是工程师。

也许，天赋在某种程度上，决定了我们在一个领域能够发展的上限。但是，坚持决定了我们能够在写作路上走多远。

只要我们喜欢写，愿意坚持去写，有了时间的加持，都可以成为成熟的写作者。至于能否写出伟大的作品，能否成为独树一帜的"大作家"，确实需要一些天赋和运气，我们不必过于忧虑，交给时间，我们只要做好自己该做的就可以。

坚持写作 6 年，我身边的写作者越来越少，也越来越多。少的是之前一起同行的写作者，有的写着写着就放弃了，有的写着写着转换了赛道，去追逐短视频和直播的红利。多的是又有很多新的写作者，与我一起开始写作。

我们的写作课不断有新的伙伴加入。新加入的伙伴大多非常积极，认真听课，努力写作。每每看到伙伴们的写作热情，我都会想起 6 年前那个和他们一样，默默无闻却一直坚持写作的自己。

写作第一年，我完全是靠着内心的热爱坚持着。除了几笔"赞赏"，写作并没有带给我太多物质上的奖励。

写作第二年，有了一些稿费收入。虽然不多，但我很开心，我觉得自己写的文章得到了认可，可以被更多的平台接受。

写作第三年，是我爆发式成长的一年。这一年的3月，我签约了知名美文公众号，写出了第一篇阅读量达10万+的美文。同年5月，我加入郑州市作家协会，9月收到出版社邀请签约出书。

写作第四年，第一本纸质书《在最深的红尘里相逢》上市，受到了很多读者的好评。有的读者加我微信，和我分享读书的感受；有的读者读完书写了感情真挚的读后感；还有的读者录制视频帮我宣传……

写作第五年，我加入了河南省作家协会，见到了很多优秀的作家老师，和他们一起参加作家采风活动，交流文学创作。听了很多作家老师讲课，更加开阔了我的思维和眼界，我也更加坚定，我会一直写下去。

写作第六年，我的第二本书《光阴如禅》出版，而我也开始着手创作我的第三本书，也就是现在的这本书。

一路走来，从一名写作小白，到如今签约平台、出书、开设自己的写作课，成为写作导师，写作给我的人生带来了巨大的改变。

首先，写作帮我度过了新手妈妈的低谷期。28岁那年，我生下了宝宝，成为一名新手妈妈。初为人母，我的内心激动而欣喜，然而更多的是无奈，是迷茫，是焦虑。我会莫名其妙地发脾气，也会无缘无故地哭泣。我不知道自己怎么了，但那种焦虑的状态，让我十分痛苦。

可是，一切都在我开始写作之后发生了变化。我最早的写作，是从日记和随笔开始的，不必考虑文章的阅读量，只是单纯地去写，去表达。

当我心情不好的时候，我就打开文档，把自己内心的情绪写出来。当我开心的时候，我就把值得纪念的事情写在文章里。每一年的生日，我都会专门为宝宝写一篇生日文章。纵然时光流逝，但文字可以让光阴的印记有迹可循。

慢慢地，写了半年的时间，我的情绪越来越平稳，生活中的一切都让我觉得无比美好。我发现，自己已经离不开写作了。如果有一天不写，我会觉得这一天索然无味。

其次，写作让我活得更有价值感。一个人的幸福，从来不依赖于别人的承诺，而在于自己的价值感。我深有体会。没有写作之前，我的生活按部就班，仿佛一眼就看到了尽头。有时我会问自己：这样的生活真的是我想要的吗？其实不是！

写作，让我有了归属感和价值感。每当看到自己的文章被读者点赞喜欢的时候，每当看到自己的文章被千万级大号转载的时候，我的内心就有一种深深的满足感和成就感。

原来，我的文章可以被认可、被喜欢，可以影响更多的读者。这也在无形中督促我努力写出更多、更好的文章回馈大家。

自从开始坚持写作，每一天的时间我都舍不得浪费。我没有时间怨天尤人，没有时间看影视剧，没有时间闲聊，也没有时间逛街……我要把更多的时间留给写作。

最后，写作让我成长为自己喜欢的样子。

写作，让我的心态越来越从容，越来越平和。我不再关注浮躁的外界，更加专注自己的成长。

我知道，生活是自己的，与别人无关。不必在意别人的眼光与评价，做好自己就好。我慢慢地学会了接纳不完美的自己，接纳每一个出现在我生命里的人，接纳每个人生阶段发生的事情。

我相信，人生没有白走的路，即使弯路也是人生经历。我相信，一切都是最好的安排。换个角度看世界，会有不一样的风景。

也许，每个人心中都有一个作家梦，只是有的人已经开始行动了，有的人却被各种各样的偏见所束缚。

从现在开始，你也要相信，写作并不是某一类人的专属。我想用自己的亲身经历告诉大家：普通人也可以通过写作，实现个人成长。

不要神化写作，写作并没有那么高高在上，每个人都可以写作。写出自己的所思所想，写出自己的所感所悟。

每个人的人生阅历都是不同的，每一份阅历都是一份待挖掘的宝藏。你的思想，你的阅历，你的生命，值得被"看见"。

写作，是一件很美妙的事。当你开始写，你便能感受到写作的乐趣；当你坚持写作，你就能享受到时间带来的复利价值。

让我们一起爱上写作，开始写作吧！

第二章

新手基础写作

零基础写出有温度、有深度的文章

第一节 写作准备：写作之前需要做的 4 点准备

著名作家麦家曾发过一条微博：很多人问我写作有没有秘诀，其实是有的，我可以透露给大家，就是两句话："多读书，读书是写作最好的准备；勤写作，写作是写作的最好老师。"

读书，也就是我们常说的输入和积累。唯有多读书，多积累，我们的写作才有源源不断的灵感。

在写作生涯中，不管是初学者，还是成熟的写作者，或是优秀的大作家，无一例外，都会遇到写作的瓶颈期。

出现瓶颈期，其实根本原因还是输入不够。长期的写作，输出已经远远大于我们的输入了。那么，想要持续写作，突破瓶颈期，最关键的，还是要多读书，增加自己的积累。

读书对于写作者是非常重要的，既是我们写作之前的准备，也是我们长期坚持写作的重要因素。

那么，除了多读书，我们写作还需要做哪些准备呢？

01 注册写作平台

写作平台有很多，作为写作者，不可能每个平台都运营。我们可以挑选几个适合自己的平台，好好写作。我个人比较推荐微信公众号、今日头条、简书和百家号。

微信公众号，虽然红利期已经过了，但是作为写作者，我们可以把微信公众号当作写作的后花园，记录和保存我们的文字。

现在的微信公众号也特别容易申请。在百度上直接搜索一下，会有很多教程，甚至用手机也能申请注册。

微信公众号的原创功能可以保护我们的文字不被剽窃，打赏功能可以收到读者的赞赏，不管赞赏的金额多与少，对我们来说，都是一种正向的鼓励。

坚持在微信公众号更新文章，也可以为我们积累读者。所有的写作平台里面，微信公众号的"粉丝"黏性是最好的，对我们后期的发展也非常有帮助。

比如，当你的微信公众号文章质量比较好，阅读量稳定，也有固定的读者，就会吸引出版社的编辑约你出书。对写作者来说，这是很好的机会。

简书的编辑器用起来很方便，操作简单，适合练笔。最早的简书是非常文艺的，聚集了很多的文学爱好者。不过，现在的简书有点商业化了。

我最早加入简书，特别喜欢打开简书时弹出一句标签语——"创作你的创作"。每次看到这句话，我就会觉得写作特别神圣。直到现在，我也喜欢在简书练笔。

今日头条流量比较大，覆盖面比较广，但是要求写作者的写作领域必须垂直。写作之前，要先定位，是写散文美文，还是写书评影评；是写职场，还是历史；是写情感，还是亲子育儿……最重要的是，写出来的文章，必须有价值增量，对读者有价值、有意义。那么什么是有价值、有意义的呢？

比如美文给人美的享受，哲理给人以启发，"干货"文是为了分享技巧，娱乐新闻可以满足人们的好奇心。如此种种，都是文章的价值。

在今日头条上，写明星或者娱乐新闻流量比较大，但对于我们来说，除非是为了挣点流量钱，否则，不建议写这个领域，一是这个领域需要持续搜集各种明星娱乐新闻，整理素材资料，如果写作内容过于敏感或不太真实，可能会引起明星的维权官司，有些得不偿失；二是从长远发展来说，这种娱乐新闻对于自己的写作没有太大意义。我们要用成长型思维来看待写作，培养我们的写作功底，提高我们的写作能力，而娱乐新闻并不能满足这些需求。

美文、哲理（或观点类）、历史、情感类文章，以及"干货"类文章，都是比较受读者欢迎的。我们可以从这些领域里面选择一个垂直的领域来好好写。

比如我，一直在深耕美文领域。抒情美文、情感美文、哲理美文、人物稿美文、名著解读美文等各种风格的美文，我都会写。美文增加"粉丝"数量的能力比较强，"粉丝"增长比较快。

我有几篇美文获得过今日头条的"青云计划"奖励，每篇奖金1000元，同时平台还有流量扶持。虽然现在今日头条已经不推出此项活动，但还有其他的活动可以参与。

我有的美文的阅读量比较好，"粉丝"增长也比较快。有时一篇文章阅读量达到几十万，增长"粉丝"3000～5000人。

所以，我们写作，一定要选择自己喜欢的、擅长的领域来写，持续地写。任何一个领域，只要写得好，都会有读者喜欢、认可。

如果写作仅仅是记录自己的生活琐事，就变成了流水账，对于读者来说，没有太大的启发意义。我们写文章，不仅是为了表达自己，也是在向读者传达我们的思想、情感和价值观，这也是写作最大的乐趣所在。我们可以用文字疗愈自己，也可以用文字影响别人。影响力，就是这样在写作过程中一点点产生的。

百家号，平台流量也比较大，要求领域垂直，也有各种"加V"认证。我自己也注册了百家号，但没有重点运营，主要是时间和精力有限，感兴趣的朋友可以尝试一下。对于后期个人品牌的建立，也是很有好处的。

我们没必要每个平台都注册。如果自己的时间和精力有限，那么，挑一个或者两个平台好好经营即可。

我目前的写作平台是简书、今日头条和公众号，全网统一笔名：茶诗花。简书就是为了写文章方便，今日头条"粉丝"多一些。公众号有一个是签约的美文公众号，另一个是自己的个人公众号，作为自己文字的后花园。

02 要有自信，相信自己的能力

在写作之前，也要做好充分的心理准备，敢于突破各种写作障碍。

很多朋友在刚开始写的时候，总是不太相信自己，觉得自己写得不好，拿不出手，甚至不好意思发到朋友圈，原因有两个：一是朋友圈里熟人太多，不想让别人知道自己在写作；二是觉得自己写得不好，怕别人会嘲笑自己。

其实，每一个热爱写作的人，都有潜在的写作天赋；或许在学生时期，作文写得很好，受到过老师的表扬和鼓励，只是后来参加工作，忙于生活，长时间没有读书与写作，便生疏起来。

解决这个问题，最重要的是开始写。相信自己，大胆地去写。怕熟人看到，就可以选择发表在简书或者今日头条等写作平台，平台上有很多热爱写作的写作者，大家可以相互交流，彼此鼓励。而且写作平台上，遇到熟人的概率小一些。这一阶段重在练笔。

当自己度过了练笔的阶段，可以尝试投稿。

只有当自己的文章公开发表了，才能与读者产生连接。读者的反馈，又可以进一步鼓励我们继续写作，形成良性循环。

03 不要过多地在意别人的评价

写作初期，对于写作者来说，更需要鼓励和肯定。

有时候，别人的一句赞美，一次打赏，一次上稿经历，都能更好地鼓励自己继续写作。

相反，如果刚开始写作就被别人打击嘲讽，就很容易丧失信心，会怀疑自己，否定自己，认为自己不适合写作。包括一些成熟的写作者，在遭遇写作瓶颈期的时候，也会对自我的评价降低，会觉得自己写的文章不好，如果被人抨击，就更容易放弃写作。

那么，对于写作者来说，要明确自己所处的写作阶段，不对自己怀有过高的期望，不过分在意别人的评价，反而能让写作变得更加轻松一点。

如果我们每写一篇文章，都考虑阅读量，考虑别人的评价，很容易产生焦虑感。越是在意，越是不敢写。

与其用别人的评价来压抑自己，不如放松心情，好好写自己的文章。当你越写越好的时候，别人的鼓励和赞美会给予你更多的力量。

04 不要过度关注结果

过度关注结果和过度关注别人的评价，都会让我们陷入焦虑，甚至不敢动笔。这也是很多写作者拖延的症结所在：因为怕自己写得不好，怕读者评价不好，怕阅读量不高，所以就一拖再拖，迟迟没有动笔。拖着拖着，不仅荒废了时间，也让自己更没有写作的动力。

有一个小技巧，可以摆脱这样的拖延症，就是告诉自己：不管结果如何，直接开始写。

打开文档，刚开始完全只是随便写写，想到哪里，写到哪里，自由放松地去写。写着写着，你就会慢慢找到写作的感觉。

这个时候，你可以写一篇你真正想写的文章。

写完之后，直接保存文档。第二天打开重新修改，检查错别字、错误的标点符号；检查文章的主题是否鲜明？立意是否深刻？有没有多余的词语或者句子？语言要力求凝练、简洁。

修改三遍之后，你会发现，文章越来越好了，这时就可以考虑投稿、发布了。

写作，最重要的，是写。

前文已反复提及，写作需要坚持，写作者需要做一位长期主义者，只要坚持，就会有收获。

只有在写的过程中，才能不断地发现问题，解决问题，才能慢慢精进，慢慢提升。

建议大家每天都写，哪怕只是写一段话，发个朋友圈。

如果每天都很忙碌，忙于工作，忙于生活，那么，至少可以抽出半个小时到一个小时的时间，把一篇文章分开写，比如今天写500字，明天写500字，后天再写500字，一篇文章就写出来了。写出来之后，再不断修改，打磨。

知名畅销书作家弘丹，原本是一位对文字并不敏感的工科生，毕业后从事的也是和写作完全没有关系的职业，但是她多年如一日，坚持每天早起写作，记录自己的所思所想，一点一点进步，签约简书，出版图书，最终成为畅销书作家。

对每个写作者来说，养成每天写作的习惯非常重要。长期坚持下去，写作会越来越轻松，游刃有余。

做好了写作之前的准备，那么，接下来，就让我们开始写作吧。

第二节 构思：11个步骤，写出一篇文章

这个时代，只要有一部手机，或者一台电脑，我们就能开始写作。

而且，我们的文章，有更多的发表渠道。不仅可以发布到报纸等纸媒，也可以发布到很多自媒体平台。

写作不再是某一部分人的专属，只要你有表达的欲望，只要你愿意去写，随时都可以开始写作。

在我的身边，有很多人通过写作丰富自己的业余生活；也有很多人通过写作，打造个人品牌，实现自己的作家梦想。

有的人觉得写作很难，不知从哪里入手。

那么，接下来我们就来解析：如何从零开始写出一篇文章。

01 了解写作目的

我们写的每一篇文章,都有不同的目的。

有的文章,就是当成日记和随笔来练笔,发表在自己的自媒体平台上;有的文章是写给自己看的,可能写完了就保存在私密文档里。这些基本属于"自嗨文"。写作的初期写"自嗨文",是没问题的。我们爱上写作,大部分都是从写"自嗨文"开始的。

但如果你想要投稿,除了保证文章的质量,还要研究投稿平台的调性。美文就投稿美文平台,亲子育儿之类的文章就投稿育儿类平台,情感文就投稿情感类平台,散文可以投稿一些杂志报纸。

我们写作之前要先明确写作目的。写作目的不同,我们选择的写作方式和文体都不同。

02 确定文体

明确写作目的之后,就要确定文体。自媒体时代,我们通常所说的文体,一般包括散文、美文、观点文、书评、文案和小说等。

不同的文体,写作方法也是不一样的。确定文体,基本上就确定了用哪种写作方式来写这篇文章。

03 明确主题

确定文体之后,我们要确定主题。所谓的主题,就是我们写一篇文章所要表达的中心思想,是一篇文章的灵魂所在。

这里以散文和美文为例,根据不同的写作主题,写作方式也有所不同。散文和美文一般分为记叙类、哲理类、抒情类和情感类。

记叙类,主要是记叙一件事或者一个人,重点在于刻画人物,突出人物形象；或者记录一件事情的起因、经过和结果，通过这件事，来表达自己的情感或者感悟。

哲理类，主要是论述一个道理，常用的手法是事例论证和道理论证，一般以议论性散文和哲理美文为主。很多知名微信公众号都很喜欢哲理类的美文，比如我之前被很多大号转载的美文《心净，心静，心境》《人生最好的状态：既往不恋，当下不杂，未来不忧》等都属于哲理类美文。通过事例或者道理来论证自己的观点，给读者以启发和思考。

这一类文章的写作，首先，观点一定要有正能量；其次，逻辑要清晰明了，有说服力，能够把一个观点说明白，说透彻，让人读过之后恍然大悟。

无论什么文章，主题要明确而突出，主题不要多，一篇文章只能有一个主题，文章内容就围绕这个主题展开。哲理文写作的时候，可以用三段式的结构来写，用三个小主题服务于一个大主题，而这个大主题，就是我们整篇文章需要论证的观点。写的主题太多，就会杂乱无章，让读者找不到重点。

抒情类，主要是抒发自己的感情，常用的手法是直接抒情或间接抒情。比如文章《立秋：岁华过半，你好秋天》《安静，是一个人的繁华》都属于抒情美文。《立秋：岁华过半，你好秋天》属于节气类抒情美文，写作的时候要突出节气的特点；《安静，是一个人的繁华》属于带一点哲理风格的抒情美文。

抒情美文是最常见的美文，也是最容易上手的美文。抒情美文，重在抒情，但除了抒情，有时候也用夹叙夹议的方式来表达观点。

情感类，主要表达自己的情感，和抒情类美文有点像，但创作手法有所不同。抒情类一般需要借助某个事物来抒发情感，而情感类表达的对象一般是爱情或者婚姻等，通过某个人或某件事，来表达自己对于情感的态度。写作过程中，主要是以情动人。比如文章《半生缘：爱而不得，何必执着》就属于情感类美文。通过对《半生缘》这本书的解读，来表达自己对情感的态度。

确定文体、明确主题，选择适合的写作方式后，就要开始筛选素材。

04 选择素材

选择素材有以下三个原则。

第一，要选择与主题相关的素材。有的写作者觉得我好不容易攒了这么多素材，写文章一定要全部用上。

这样做的结果是文章写了很长，但读者读完之后不知道文章在写什么。素材太多，就会显得文章凌乱，有素材堆积之感。我们写文章的时候要学会筛选，只选择对文章有用的素材，其他的素材，无论多好，如果与主题无关，也不要勉强用在文章里。

第二，选择富有真情实感的素材。写文章，唯有真情实感，才能打动人心。不管我们是写一件事，一个人，还是一处风景，一段感情，一定要有真情实感，才能感染读者。

第三，要创新。同样的主题，我们想要写得出彩，就要学会创新。从不同的角度出发，重新挖掘主题的深度，从不同的角度来解读。同样的素材，不同的切入点，就能写出不同的内容。比如，同样是写秋，当别人都写秋天多么伤感的时候，你可以写秋天成熟的韵味，秋天素简的姿态，如此，才可以让人耳目一新。

05 布局文章结构

主题已经确定了，素材也有了，那么，文章的结构如何布局呢？

我们写文章常用的方式是总分总和分总两种形式。

素材的处理上，可以采用并列、对比和层层递进的方式来写。

不管采用哪种结构，都是围绕主题来展开，即便是散文，也要做到形散而神不散。我们的写作，形式可以天马行空，但结构一定要严谨，主题一定要明确。

06 确定文章的语言风格

语言其实可以有很多种风格：朴实、华美、含蓄、豪放、深刻……

文章的语言，首先是要准确，没有错别字，不产生歧义。其次要精简凝练，不拖泥带水，在这些的基础上，再考虑语言的美感。可以通过各种修辞手法的运用，来提升语言的表达力，增加语言的美感，如可以运用通感的写作手法，充分调动我们的五感——视觉、嗅觉、味觉、触觉、听觉去描写。

同时，也要避免一些问题。

第一，避免华丽词语的堆砌。语言美，并不是一味地堆砌看似美好的词汇，而是让我们的文字更加具体，更加生动。

第二，注意字与字之间、句与句之间的衔接，要过渡自然，不要太生硬。

第三，与主题无关的语言不要舍不得，通通可以删掉。我们的文字都是为主题服务的，偏离了主题，就必须要删去。

07 写出初稿

写初稿的时候，不要考虑太多，不要担心写得不好怎么办。

如果我们一边写，一边修改，会特别浪费时间，反而越修改越不知道如何去写。

所以，我们要把"写初稿"和"反复修改"区分开来。先写初稿，不管写得好不好，写出来再说。

有的人之所以拖延，就是因为过度追求完美。写作，先完成，再完美。

08 反复修改

海明威说：一切文章的初稿都是狗屎。我们写的初稿也好不到哪里去。

那么，怎么办呢？

很简单，反复修改。一般来说，初稿完成以后，要修改三遍。

第一遍，检查文章的结构是否完整，逻辑是否严谨，主题是否清晰。哪里不合适就重点修改哪里。

第二遍，检查题目、开头和结尾是否足够吸引人。写得不好的地方及时修改。

第三遍，检查修改错别字、错误的标点符号、不通顺的句子。逐步修改，直至完善。

三遍修改之后，一篇文章才算真正写完。

我写的文章一般会检查、修改四五遍。每一次的修改，都会让文章更好一些。好文章都是不断修改、打磨出来的。

一般来说，一篇文章到这里就算写完了。但新媒体时代，仅仅是写完还不够，文章的发布、读者的反馈及作者与读者的互动，也是写作的重要环节。

09 发布文章

文章写好之后，就可以发布了。

一般来说，建议首先发布到今日头条，今日头条有原创保护机制，而且，默认的是原创首发。如果文章在其他平台发布过，今日头条就不能开启原创保护，同时流量也会有所下降。

其次，可以发布到公众号。公众号也有原创保护机制，可以保护我们的文章。投稿公众号的朋友，需要首发公众号，但可以在公众号发布文章 2 个小时之内，发布到今日头条，在今日头条也算原创首发。

最后，就可以发布到其他平台了。多平台发布文章，可以让自己的文章被更多的人看到。

10 建立反馈系统

文章发布之后,要建立自己的反馈系统。

阅读量如何?读者是否喜欢?喜欢到什么程度?这些都需要适当的反馈。

比较受读者喜欢的内容可以继续坚持写,如果不被喜欢和认可,就要反思为什么,及时查找原因并进行改正。

通过建立自己的反馈系统,来确立写作方向,把自己喜欢的、擅长的和读者喜欢的文章风格结合起来,基本就可以确定自己适合哪一类的文风。

11 与读者互动

文章发布之后,一般都会有读者留言。如果有时间和精力的话,一定要与读者互动。这样可以增加读者的黏性,同时读者的一些留言,也可以给你新的灵感。

我们的写作群里有作者发布了一篇名为《感恩遇见,浅笑挥别》的文章,看到读者留言:心怀美好,必有远方。

该作者特别喜欢这句留言,根据这个留言,又写出了一篇美文。

同时,有时候读者的建议,也可以帮助你更好地修改文章。

比如,我有时候文章发布出去了,读者会发现一些错别字,私信告诉我,我会表示感谢,赶紧去修改。这其实是一个良性的互动循环。读者的建议可以帮助我们更好地提升写作技能。

第三节 主题：把握文章主题，搭建文章框架

如果说主题是一篇文章的灵魂，那么结构就是一篇文章的骨架。

所谓主题，是作者写这篇文章所表达的中心思想，可以是一种观点，或者是一种情感；所谓结构，是要求作者在写文章的时候谋篇布局，安排好文章的开头、正文和结尾，处理好文章的逻辑关系与过渡转折。

接下来，我们就来分享一下：如何把握文章的主题和结构。

01 确定主题

文章的主题是整篇文章的核心，如果文章没有主题，无论语言多么优美，也是没有灵魂的。

有些人写作之时，经常会不自觉地忽略主题，平铺直叙，写出的文章与日记和随笔并无区别。

所以，建议大家写文章的时候，先确定主题，再下笔写内容。围绕主线进行铺展，那么，文章的内容无论多么复杂，都不会散架，依然是一篇结构严谨的文章。

主题明确的文章可以挖掘出更深的深度，对主题进行升华，以小见大，由浅入深，或者透过事物的现象揭示本质，引人深思，给人以启发和感悟。

主题可以在文章的三个部分来突出。

一是用标题作"主题"，即以题目统摄全文。

例如，文章《留白，是一种高级的人生智慧》的标题就直接体现主题，全文围绕"留白"而展开。

二是在文章开头，开门见山，点明主题。

例如，文章《真正的自律，是成为更好的自己》，开头是这样写的：

漫漫人生，想要活得更好，就要学会自律。如《少有人走的路》里所说："解决人生问题的首要方案，乃是自律。缺少了这一环，你不可能解决任何麻烦和困难。"

懂得自律的人，更有定力和毅力，也更容易成事。

让自律，成为一种习惯。唯有自律，才能争取到自己渴望的人生。

开头便直接点明主题"自律"。接下来的文章，围绕"自律"，层层论述，呼应开头的主题。

三是在全文的情感基调中层层递进，结尾处突出主题。

例如，文章《浅冬生寒意，微光暖人心》，开头部分用大量笔墨写初冬的景，然后借景抒情。在结尾部分，升华主题。文章的结尾是这样写的：

窗外，阳光暖暖，微风不燥。素色流年，在指尖缓缓流淌。

浅冬生寒意，微光暖人心。愿时光不老，你我安好，素心向暖，浅笑安然。

02 搭建框架

什么是文章的框架呢？一篇文章的框架，就好比一棵树的枝干。框架搭得好，文章就会像一棵不断向上生长的大树，枝繁叶茂，根基牢固。

搭建框架的方式，可以根据文章的结构来划分，一般根据素材关系，可以分为总分关系、并列关系、递进关系和对比关系。

总分关系，有时也可以分为总分总、分总，是最常见的一种结构关系。开头阐述主题，表达观点；中间部分阐述论据；结尾处呼应开头，升华主题。

并列关系，指的是文章素材之间的关系是并列的，内容之间没有主次之分。

递进关系，是指文章的内容层层深入，一环扣一环，这种写作手法更容易阐述主题，引起读者共鸣。

对比关系，素材之间是正反例对比的关系。当我们表达一个观点的时候，可以通过正反对比来论证，更有说服力。

有时候，同一篇文章，我们可能会用到多种结构关系，写作时可以灵活选择。

第四节 标题：10个方法，写出优质标题

文章的标题就像文章的眼睛。一个好的标题，不仅概括了文章的内容，也可以给读者留下深刻的印象。

对于要投稿的文章来说，如果标题平淡无奇，就很容易被埋没。相反，一个亮眼的标题，就可以给编辑留下很好的第一印象。

写文章的时候，先写标题，还是先写内容呢？其实，这个完全取决于个人习惯。

我一般会先写出来一个标题，然后开始写正文内容。但是写好文章之后，我还会根据文章的主题和内容，对标题进行修改。

好的标题不是一下子就能写出来的，有时候需要我们慢慢地打磨、修改。

自媒体时代，每天都有大量的文章和资讯充斥在读者的眼前。对很多人来说，打开哪篇文章，标题可能是决定性因素。

这当然不是让我们去做"标题党"，但我们一定要重视题目。

关于自媒体文章的题目，有几个小技巧，比如：引起读者的好奇心、分享"干货"、提供某种价值、戳中读者的痛点或者追热点。

对于散文和美文写作来说，这些方法和技巧，我们可以适当借鉴，但又不能照搬。

想要写出令人印象深刻的优质标题，有以下几个方法，分享给大家。

01 引用诗词

直接引用古诗词里的诗句，一般是一些比较有深度、朗朗上口的诗句。但我们需要注意，引用的诗句必须和文章的主题相关。

作家白音格力写过一篇美文《一一风荷举》，"一一风荷举"，这个标题出自周邦彦的一首诗：

苏幕遮·燎沉香

[北宋]周邦彦

燎沉香，消溽暑。

鸟雀呼晴，侵晓窥檐语。

叶上初阳干宿雨。

水面清圆，一一风荷举。

故乡遥，何日去。

家住吴门，久作长安旅。

五月渔郎相忆否。

小楫轻舟，梦入芙蓉浦。

白音格力在文中写道：一一风荷举，是荷的风姿，也是荷的风骨。荷之姿态优美，美可入画；荷之风骨高洁，洁可入禅。

"一一风荷举"，直接引用诗词做题目，也可以作为文章的主题，一层一层地展开。

我也曾直接引用诗词作为文章题目，比如文章《看取莲花净，应知不染心》。这篇文章主要写的就是莲花，突出的主题是"净"，标题取自孟浩然的这首诗：

题大禹寺义公禅房

[唐]孟浩然

> 义公习禅寂，结宇依空林。
> 户外一峰秀，阶前众壑深。
> 夕阳连雨足，空翠落庭阴。
> 看取莲花净，应知不染心。

文章里也有引用这首诗，而且对这首诗的后面两句做了简单的解析，既增加了文章的诗意，也和题目呼应：

看那莲花出污泥却依然纯净，才知什么是一尘不染的心境。

在这烟火凡尘，有太多的追逐，也有太多的诱惑。有太多的身不由己，也有太多的无可奈何。

唯有，内心足够干净，足够赤诚，才能守得住一段莲净的光阴。

引用的诗句，既可以作为文章标题，也可以是文章的点睛之笔，升华主题。

02 化用诗词

如果直接引用的诗句和文章主题不太吻合，那么我们可以进行二次创作，适当化用。

作家丁立梅有篇文章《花径不扫，蓬门大开》，单是读这个题目，春天已经呼之欲出。

其实，《花径不扫，蓬门大开》这个标题是化用杜甫的诗句"花径不曾缘客扫，蓬门今始为君开"。

在原有的诗句上，再加工创作，就可以作为自己的文章标题。

文章的结尾也与题目遥相呼应，丁立梅老师这样写道：

春天正盛装而来。花径不扫，蓬门大开，这是春天里我最喜欢的样子。等过些时日，花事真的都沸腾起来了，那个时候，人们都将打开门扉，世界不设防，我们也不设防。我期待着那样的好日子。

我有一篇文章的标题《风住尘香花已尽，明月清风两相依》，也是化用李清照的词。这篇文章主要写的是暮春，花已经开始零落。但文章风格清新唯美，所以后半句就用了"明月清风"，与前面的诗词相呼应。

武陵春·春晚
[宋]李清照

风住尘香花已尽，日晚倦梳头。物是人非事事休，欲语泪先流。
闻说双溪春尚好，也拟泛轻舟。只恐双溪舴艋舟，载不动、许多愁。

文章里没有引用这首词，因为和文章的主题不太符合，所以就直接用了第一句作标题，后面用一句原创的句子补上。

化用的诗词，更贴合文章想要表达的主题和意境。

03 对偶句式

对偶指句法相似，字数相同，可以加强语言的表达效果。这一类取标题的方法非常常见，很多知名文章的标题都属于此类句式。我们举几个例子来看一下。

《一个人随和的标志：脾气越来越随和，灵魂越来越孤独》
《人到中年：远离多巴胺，靠近内啡肽》
《高处不为难别人，低处不为难自己》
《静坐常思己过，闲谈莫论人非》
《感恩缘分，不负遇见》

这一类标题，前后句式相同，逻辑关系或是并列或是对比，或是递进，读起来朗朗上口。在语言表达上，也可以更好地突出主题。

我有篇文章《手执烟火以谋生，心怀诗意以谋爱》，被《新华社》转载。

标题的灵感来自"一半烟火以谋生，一半诗意以谋爱"这句话。

我稍微改动一下，标题里的句子用了动词，增加语言的感染力。这篇文章的结构也很简单，层次分明。第一部分写谋生，第二部分写谋爱，第三部分总结：手执烟火以谋生，心怀诗意以谋爱。

04 对称句式

对称句式，句式整齐，结构和谐，但又不过分地要求对仗，所以在表达形式上更加灵活，更加自由。

对称句式做标题有一种特殊的美感，既有形式美，又有意境美。

比如白音格力老师的文章标题：

《你伴我月白风清，我共你花朝雪夕》

《红妆扫雪，春风挽眉》

《十年磨心相见，一笔静香相待》

《时光惊雪，美人惊梅》

《一屋二溪月，三径四时花》

用对称句式做标题，既可以描写景物，也可以抒发情感，还可以论说道理。充分地发挥想象，选定描写事物，应用合适的词语，前后对称，就能写得恰到好处。

我也曾用对称句式写过一篇文章：《一茶一书一知己，不负岁月不负卿》。这篇文章被《洞见》《十点读书》等大号转载。

文章的结尾有原创的四句话，也被很多人引用过："一茶一书一知己，一朝一暮一人生。至善至美至清雅，不负岁月不负卿。"

不管是标题，还是这四句话，用的都是对称的句式。读起来既有美感，又有诗意。

05 引用名人名言

名人名言本身就有一定的知名度。如果某句名言和你的文章主题相关，题目里可以尝试引用它。

很多爆款文章的标题就是直接引用名人名言，既富有哲理，又容易引起读者共鸣。

我们举例感受一下。

标题：《当你身处卑微，才有机缘看到世态真相》

这句话出自杨绛先生的一篇散文《隐身衣》：唯有身处卑微的人，最有机缘看到世态人情的真相。

标题：《不要在不喜欢你的人那里，丢掉了快乐》

这句话出自莫言的文章：一个人，风尘仆仆地活在这个世界上，要为喜欢自己的人而活着，这才是最好的态度。不要在不喜欢你的人那里丢掉了快乐，然后又在喜欢自己的人这里忘记了快乐。

标题：《一个人情绪到了尽头，是沉默》

这句话是马东在《奇葩说》里说过的一句话："一个人的情绪到了尽头，是沉默。"

标题：《人生最美的风景，是内心的淡定与从容》

这句话相信大家都比较熟悉，这个标题就是化用了杨绛先生的一句名言。

有时候，引用名人名言，可以为我们的文章增彩添色。当然，我们的主题，也必须和这句话相符合，不能为了引用而引用。

06 标题里突出某个人物

写人物稿，或者文章的主题与某个人相关，那么，标题里可以突出这个人物。当然，我们这里说的人物，指的是名人，主要包括历史名人、影视剧中比较出名的角色，或者当代比较知名的人物。

这一类标题也有很多，我们举例来看一下。

《王阳明：修炼自己》

《稻盛和夫：你的思维层次，就是你的人生上限》

《苏轼笔下的秋天，写尽人生百味》

《莫言：做个又傻又笨的人》

《李商隐：人生所有的遇见，都是遇见你自己》

《做人王阳明，做事曾国藩》

我也写过多篇人物稿，标题里面会直接突出文章里写到的人物。比如这篇文章《苏东坡：在最低的境遇，活出最高的境界》，因为文章主要写的就是历史名人苏东坡，所以文章题目就用了苏东坡的名字。

本身名人就可以"自带流量"，苏东坡基本上是家喻户晓的人物，所以很多喜欢苏东坡的读者，看见这个标题，就会打开文章来看。

这篇文章最早的题目是《人生为何不快乐，只因未读苏东坡》，后来又改成了《苏东坡：在最低的境遇，活出最高的境界》。

大家觉得哪个更好一点呢？

好的题目，是反复修改、打磨出来的。有时候，文章都已经修改好几遍了，也没有确定合适的题目，这个时候，可以放两天，等自己从这个写作情绪里抽离出来，再去思考，也许会有新的灵感和想法。

07 标题里突出书名

读了一本书，如果要写读后感、书评或者名著解读，在标题里都可以体现书的名字。

类似的标题也有很多，我们举例来看一下。

《〈当幸福来敲门〉：越是难熬的时候，越要自己撑过去》

《〈刺猬的优雅〉：每个孤独的人，都有不为人知的优雅》

《〈杨绛传〉：世界是自己的，与他人毫无关系》

《〈减法〉：人，越简单，越高级》

《〈你当像鸟飞往你的山〉：与自己和解，才是人生最好的治愈》

标题里出现熟悉的书名，一些读者出于好奇，就会打开文章读一读。如果内容足够吸引他，就有可能转发分享。

08 引用励志哲理类语句

励志哲理类标题适合哲理美文或观点文，要求观点鲜明，偏向正能量。例子如下。

《成年人最好的姿态：繁华中自律，低谷中自励》

《见过世面的人，脾气都很小》

《人越安静，越有力量》

《儒家拿得起，佛家看得开，道家放得下》

我有一篇哲理文《人生最好的状态：既往不恋，当下不杂，未来不忧》，被《人民日报》公众号转载。这篇文章首先在标题上就突出了文章主题。观点明确，逻辑清晰。

这种起标题的方法，读者一看就知道作者写了什么，而且比较偏向正能量，更容易鼓舞人。

09 使用表达美好祝愿语句

每个人都喜欢美好的祝福，如果你的文章标题里能够体现出来，也会有很多读者喜欢。

我们举例感受一下。

《愿你淡看世事沧桑，内心安然无恙》

《愿你坏事清零，好运开启》

《新年三愿：家人安康，不改善良，心态乐观》

《纵使前路崎岖，愿你一往无前》

《愿岁月温柔待你，你亦不负岁月》

特殊的节日里，我也会写下美好的祝愿，比如这篇文章《2020年：愿所有美好，与你环环相扣》。这个题目表达出了新的一年美好的祝愿。这种文章如果写好了，特别容易打动人，感染人。

作为写作者，我还是建议给读者传播正能量，传达温暖与美好。这些文字，不仅照亮了我们，也可以温暖我们的读者。这也是写作的魅力所在。

10 节气类标题或者特殊节日类标题写作技巧

每年都有二十四节气，还有很多大大小小的节日，这些都可以成为我们笔下的素材。

二十四节气的标题既可以富有诗意，也可以富有哲理，我们一起来感受一下。

《立春：旧岁此夕尽，新春今日回》

《雨水：最是一年春好处，染就一溪新绿》

《惊蛰：一声春雷惊万物，风动情长迎春归》

《春分：春色从此分，春光从此浓》

《谷雨：沐一场人间春色，听一曲雨落情长》

《立夏：风暖人间草木香，一笺清浅入夏来》

《小满：花未全开月未圆，人生最美是小满》

《芒种：你是收获，也是耕耘》

《夏至：愿所有的美好，如约而至》

《小暑：浮生半日闲，清凉入心田》

《立秋：云水长天收夏色，风起叶落秋意来》

《白露：露从今夜白，秋风至此凉》

《秋分：一叶落平分秋色，万物收岁月无恙》

《寒露：一滴寒露送秋凉》

《霜降：秋已深，冬将至，岁岁年年，愿你安暖》

《立冬：一季山水寒，一岁心安暖》

《小雪：执笔问安，落雪为念》

《大雪：雪染倾城，冬来无恙》

《小寒：万物归隐，心自生暖》

《大寒：寒冬岁暮听风雪，静待春来万物生》

写节气类文章，标题里可以直接写出这个节气，同时要提炼出这个节气独有的特点。

除了节气类标题，还有一年的12个月份可以写，每个月的特殊节日也可以写。标题里直接写出这个月份或者节日即可，后面再加上文章的主题。

需要注意的是，这类文章必须提前写，至少提前10天写，提前一星期交稿，因为相关平台的编辑还要审稿、排版等，若是到了节气当天再写就来不及了。

月份与节日类标题，写好了也是自带流量，我们举例看一下。

《三月：愿所有美好，不负归期》

《四月：愿你眼里有诗意，心中有远方，笑里有坦荡》

《九月：不负韶华不负秋，只生欢喜不生愁》

《十月你好：既往不恋，未来不忧》

《清明，是岁月凝聚的泪》

《情人节，致我最爱的人》

每个特殊的节日，如元旦、国庆、新年等，都可以尝试去写。

第五节　开头和结尾：10个方法，写出精彩的开头和结尾

文章的开头，就相当于人际交往中的第一印象。好的第一印象，是良好沟通的开始。对于写作来说，好的开头，便是好文章的开始。

如果读者在读一篇文章的时候，开头非常精彩，他就会被深深吸引，继续读下去。反之，就会放弃阅读。

由此可见，一个好的开头对于一篇文章来说，是多么重要。

开头的5个写作方法如下。

第一，引出下文，伏笔铺垫。开头用循序渐进的方式，引出下文，为下文做铺垫。

第二，开门见山，点明主题。"开门见山"是最常见的开头方式，用简洁直接的语言引出文章的主题。

第三，设置悬念，引发好奇。这种写法主要是为了引起读者的好奇心，让读者忍不住往下读。

第四，描写环境，渲染氛围。开头用景物描写或者场景描写，渲染氛围，感染读者。

第五，引起读者共鸣。在开头叙述一个故事或热点事件，引起读者的共鸣。

因为开头重要，写的时候特别害怕写不好，无从下笔怎么办呢？这个时候，不要管太多，直接去写，哪怕写得不好也没关系。先写出来，等这篇文章写好之后，再慢慢斟酌，慢慢修改。

一般来说，文章的标题、开头和结尾都是需要经过反复修改的，不可能一下子就写得特别好。

所以，我们要记住：好文章，一定是反复修改出来的。

01 精彩开头的五大写法

● 开门见山

开门见山的写法就是在开头直接点明文章的主题，简练而明确。

一般来说，写哲理文的时候，可以开门见山，引出主题。

作家李思圆在文章《静的力量》中，开头引出"静"的主题：

古话说："性躁心粗者，一事无成；沉着冷静者，百福自集。"

静，是一种无声而强大的力量。

一个人只有做到心静神明，方能更好地潜心笃行。

《沉默，是一种极致的境界》这篇文章的开头，也是开门见山，直接点出主题——沉默。文章的开头是这样写的：

内心强大的人，都懂得适时的沉默。

沉默，是一种境界。没有历经世事的人，不会懂得沉默。心浮气躁的人，无法学会沉默。

沉默，是人生某个阶段必经的状态。安安静静，沉默不语。

在开头，直接点出"沉默"的主题，接下来展开论述。

● 设置悬念

设置悬念，就是引发读者的好奇，让读者迫不及待地想读下去。

文章《遇事最有水平的处理方式》开头是这样写的：

知乎上有人问："如何判断一个人的真实水平？"

有个高赞回答：就看他遇到问题，第一反应是什么，又是怎样解决的。

因为一个人的处事方式中，积淀着他的学识、品格和修养。

一个人遇事的处理方式，决定了他的人生高度。

今天，给大家分享8种高水平的处事方式，掌握后受用不尽。

这样的开头写法，就是用提问的方式设置悬念，引起读者的好奇心。接下来再提供问题的解决方案，引发读者共鸣。

还有一篇《廊桥遗梦》的影评，被很多知名公众号转载，开头是这样写的：

真正的爱情是属于成年人的。

《廊桥遗梦》里说："我们每个人都生活在各自的过去中，人们会用一分钟的时间去认识一个人，用一小时的时间去喜欢一个人，再用一天的时间去爱上一个人，到最后呢，却要用一辈子的时间去忘记一个人。"

成年人的婚姻里，如果遇到了爱情，该如何抉择呢？是选择放弃一切追随爱情，还是选择隐忍自己的感情，守护平凡的婚姻？

《廊桥遗梦》这部电影为我们完美地诠释了：婚姻里，真爱和责任该如何抉择？

这篇文章用疑问引出读者的痛点，让读者跟着作者的思路，继续往下读。

● 描绘场景

虽然没有直接点明主题，但通过场景或景物描写，勾勒出一种特殊的氛围感，吸引读者继续读下去。

作家奥斯卡·王尔德在《道林·格雷的画像》的开头是这些写的：

浓郁的玫瑰香漫溢画室，夏日的微风轻拂花园里的树木，穿过敞开的门，传来阵阵紫丁香的馥郁，或是绽放着粉色花的荆棘的幽然清香。

白音格力在文章《清白无争》里这样写开头：

偶遇山间野栀子，素素的白，幽幽的白，静静的白，就那样站在那里，看白。看一会儿，就觉得野栀子香气，一缕一缕，全静在那里。只一刹那，感觉一颗心，清白无争。

从山间栀子的素、静、白，写到栀子丝丝缕缕的香气，进而延伸到作者内心的感受：清白无争。这个词既是作者当时的感受，也是这篇文章的主题。

这种开头的写法就是通过描绘场景，引出主题。我们也可以通过场景式描写，引出下文，层层展开。

我有篇文章《风住尘香花已尽，清风明月两相依》里面的开头是这样

写的:

陌上春色,万紫千红皆开遍。一池春水,一树花,一缕斜阳,一道霞。季节的晚风,拂过诗经里的蒹葭苍苍,穿过唐诗里的别枝明月,吹过宋词里的绿水芳草,走进一季诗意的清浅……

开头写了很多意象,来描绘暮春的场景,比如春水、春花、斜阳、晚霞,后面还用了一些修辞,让读者更有代入感,同时可以更好地引出下文。

◆ 以富有哲理的句子开头

富有哲理的句子往往更容易让人眼前一亮,很多作家都喜欢用哲理性的句子作为一本书或一篇文章的开头。我们举例感受一下。

《三国演义》的开头:天下大势,分久必合,合久必分。

《安娜·卡列尼娜》的开头:幸福的家庭都是相似的,不幸的家庭各有各的不幸。

《且听风吟》的开头:不存在十全十美的文章,如同不存在彻头彻尾的绝望。

《双城记》的开头:那是最美好的时代,那是最糟糕的时代;那是个睿智的年月,那是个蒙昧的年月;那是信心百倍的时期;那是疑虑重重的时期;那是阳光普照的季节,那是黑暗笼罩的季节;那是充满希望的春天,那是让人绝望的冬天;我们面前无所不有,我们面前一无所有;我们大家都在直升天堂,我们大家都在直下地狱——简而言之,那个时代和当今这个时代是如此相似,因而一些吵嚷不休的权威们也坚持认为,不管它是好是坏,都只能用"最……"来评价它。

我们在写作过程中,可以向大师学习,巧妙用富有哲理的语言,作为文章的开头,吸引读者。

我的文章里面也用过类似的写法,比如文章《心净,心静,心境》的开头,我是这样写的:

人,有时候活得就是一种心境。不同的心境,造就不同的人生。人生的修行，从心开始。随缘随安过生活，随心随境活人生。

这样的开头，富有哲理，同时具有美感，让人一下子就能留下深刻的印象。

● 引用名人名言

名人名言可以直接写在开头，用名人名言引出自己想要表达的情感或者观点。

被多个知名公众号转载的文章《自我提升的三个境界：阅己，越己，悦己》，就是直接引用名人名言开头，然后提出自己的观点，引出文章主题：

柏拉图在《理想国》里说："我们一直寻找的，却是自己原本早已拥有的；我们总是东张西望，唯独漏了自己想要的，这就是我们至今难以如愿以偿的原因。"

在这纷繁芜杂的世界里，庸人自扰，智者自渡。我们必须明白，这世界上真正的解忧人是自己。

用名人名言来开头，也可以用题记的方式来写。比如文章《往后余生，只生欢喜不生愁》是这样写开头的：

岁月极美，在于它必然的流逝。春花，秋月，夏日，冬雪。——三毛

通过名人名言吸引读者的注意力，同时增加文章的说服力。

除了这几种常用的写法，还有很多其他的写法，我们平时可以多读一些名家作品或优秀作者的文章，学习和借鉴，然后再去创新，写出自己的风格。

02 写出精彩结尾的5种方法

如果说开头的作用主要是吸引读者的注意力，引出主题，那么结尾的作用就是收篇点题，总结全文，升华主题。

精彩的结尾，往往更能够给读者留下深刻的印象。

心理学上，有一个"近因效应"，指出在有些情况下，最后出现的信息会比最先出现的信息影响力更大。

对于读者来说，一个好的开头，可以吸引他继续读下去。一个好的结尾，就可以鼓励读者分享你的文章。

如何写出一个好的结尾呢？给大家分享 5 个方法。

◆ **升华主题**

升华主题，其实是很好理解的，我们写的文章，如果没有主题，充其量只是一段段零散的文字。

如果有主题，但是主题不明确，或者主题没有深挖，那么也只能算是一篇"自嗨文"。

结尾处给我们提供了一个很好的深挖主题的机会。

白音格力在文章《提花照灯》中先用大量的笔墨写"提灯照花"的雅趣，后又转念开始写"提花照灯"的美好意境，在结尾处，更是将"提花照灯"升华到了一种人生的大境界。我们来感受一下这篇文章的结尾：

何况人生无常有之，无助有之，仿佛命运摆下的只是孤灯一局棋，也时不时地置人于窗寒灯冷的境地，这时更需要为自己提花照灯。如此，灰暗中不失明丽，困顿中不失绽放，心中总有春意熙熙，花色灿灿。

我有篇文章《浅秋，落字为安，淡暖清欢》被收录到《2021 年中国精短美文精选》，文章的结尾是这样写的：

好好活着，经得了风雨，也耐得住平凡。守着最爱的人，沐一身秋色，共度岁月风霜。

虽然我写的是秋色，但是我上升了一个高度，秋色会越来越凉，而我们可以守着最爱的人，共度岁月风霜。

这样，文章的主题就一下子从写景上升到了抒情。

我们写景，不能单纯地只是写风景，而是要通过景，来表达我们的情感，我们的思想。

● 用富有哲理的句子做结尾

用富有哲理的句子做结尾,类似用富有哲理的语言做开头,用发人深省的语言,引发读者的思考。

作家马德在文章《别人不是你的彼岸》里,用概括性非常强的哲理性语言结尾,铿锵有力,读之有一种醍醐灌顶之感:

你最终要活在相悦的人心里。不为不值得的人去改变,不在飘忽而逝的生命过客那里留恋,也不必为朵朵过眼烟云烦扰。与其要别人看好,不如自己活到好看。

我有一篇被知名公众号广泛转载的文章《安静,是一个人的繁华》,是这样结尾的:

安静,亦是灵魂的丰盈。历经沧桑,内心依然热忱。饱经风霜,内心依然安详。拼尽全力,内心依然平静。心中有静,生命自有芳香馥郁。

这样的结尾,既有美感,也有哲理,很容易出彩。

● 用名人名言结尾

用名人名言结尾类似用名人名言做开头,二者有异曲同工之妙。

文章《转念的力量》,开头和结尾都用了引用名人名言的写法。开头如下。

常言道:"一念天堂,一念地狱。"

一念起,万水千山;一念灭,沧海桑田。

心念决定命运,人的祸福其实都在一念之间。

转变自己的心念,就是转运,是在改变自己的一生。

结尾如下。

哲人歌德说:"人之幸福,全在于心之幸福。"

每个人的心念,都是决定自己人生命运的舵手。心念好,一切皆好;心念正,万事皆顺。

往后余生,要想命运变好,先从转念开始,如此方能一路畅行,一生顺遂!

引用名人名言,可以借助名人的经典语录,更好地表达主题。

文章《安静，是一种修养，亦是一种境界》的结尾是这样写的：

佛曰："坐亦禅，行亦禅，一花一世界，一叶一如来，春来花自青，秋至叶飘零，无穷般若心自在，语默动静体自然。"

安静，是遗世而独立的优雅。掬一捧淡然，握一份懂得，盈一眸清远，静以修身，随遇而安。

岁月深处，与生命安静守望。

通过引用经典名言，来表达安静的境界，升华主题。

● 表达祝福

一般节气类或者特殊节日类文章都会用这种写法。

文章《新的一年，愿所有美好，与你环环相扣》写在新年到来之际，结尾处也表达了很多美好的祝福：

新的一年，不负岁月，愿岁月深情以待。不负时光，愿时光温柔从容。不负梦想，愿梦想闪闪发光，充满力量。

新的一年，不负爱，愿你有人宠，有人懂。愿有人陪你度冬寒，有人陪你迎春暖。

新的一年，愿你活成自己喜欢的样子，愿世间所有美好，都与你环环相扣。

文章《520：致我爱的人和爱我的人》的结尾，也表达了祝福：

520，是个特殊的日子，它是属于每一个心中有爱的人的节日。愿所有我爱的人和爱我的人，平安喜乐，万事胜意。愿所有的爱，都被时光温柔以待。

这种结尾就是升华主题，表达希望和祝福。

● 首尾呼应

首尾呼应的结尾方式，就是呼应开头，让文章的内容和结构更加严谨。

还以文章《520：致我爱的人和爱我的人》为例，前面写到了文章的结尾，那么我们再来看看文章的开头，开头是这样写的：

每一个节日，都不是为了礼物而生，而是为了提醒我们，不要忘记爱与被爱。

生活很平淡，而节日更需要仪式感。每一个人，都值得在乎与关爱。爱与被爱，都是幸福的。

520，不要把爱藏在心底。爱，就大声说出来。

哲理文也经常用这样的方式结尾，让主题更加鲜明突出。

文章《儒家拿得起，佛家看得开，道家放得下》开头与结尾也是遥相呼应，我们感受一下。

开头：

南怀瑾先生认为，中国人修行的最高境界无非就是"佛为心，道为骨，儒为表"。

大致而言：儒家进取，佛家超脱，道家素朴。

用通俗的话来说：儒家拿得起，佛家看得开，道家放得下。

结尾：

儒家拿得起，激励我们奋力进取；

佛家看得开，开示我们解脱烦恼；

道家放得下，启发我们逍遥随性。

行君子之事，怀出世心态，处无为境界，过好每一天。

首尾呼应，紧扣主题，文章的逻辑更加清晰，结构更加严谨，主题更加明确。

掌握这5种方法，就不用担心写不出好的结尾了。

第六节 文章素材：收集素材，搭建素材库

对于写作者来说，收集、整理并合理运用素材，是我们的基本能力之一。

没有素材，文章读起来就会空洞乏味；如果有了素材不加以提炼、整理，文章也会显得零散，不成章法。

素材就相当于一篇文章的"血肉"。没有素材，就没有丰富生动的文章。

接下来，我们就来解析一下，如何收集素材，并搭建出自己的素材库。

著名散文作家秦牧认为，一个作家应该有三个仓库：一个装生活中得来的材料；一个装间接材料，即从书籍和资料中得来的材料；另一个就是日常收集的生动语言。有了这三个仓库，写作起来就比较容易。

素材的来源有很多，如从生活中提炼出来的素材，读书、查资料、看影视剧积累的素材。按照来源，可以分为直接素材和间接素材。

直接素材指的是自己的亲身经历，是第一手素材。我们开始写作，一般都是从自身经历开始写的。

自己的童年故事，生活经历，遇到的人，遇到的事，自己的所思所想，所感所悟，都可以成为我们笔下的素材，也是写作的第一手素材。作家严歌苓都说："写得最好的一定是亲身经历的。"

当然，我们写作，仅仅写个人经历是不够的，写一段时间就会被掏空，没有东西可写。那么，我们就需要间接素材。

间接素材指的是我们通过其他媒介获得的素材，如从书籍、影视中获取的素材，或者从别人那里挖掘出来的素材。

当我没有灵感和素材可写的时候，我就会去读书，或者看电影。读过的书，可以写成读后感或者名著解读，既可以加深自己对书的理解，也可以分享给同样喜欢这本书的读者。

不管是直接素材，还是间接素材，只要我们能够合理利用，都可以使我们的文章锦上添花。

01 如何收集素材

那么我们该如何收集素材呢？

第一是保持敏感心。

对于写作者来说，要时刻保持敏感的心，才能不断挖掘身边的素材。比如季节的更迭，人事的变换，在别人眼里可能平淡无奇，但在写作者眼里，都是可以加工的素材。

所以，一定要走出去，去感受自然变化，去体会人情冷暖，不能只是停留在想象的阶段，更不能闭门造车。多去感受，去观察，唯有如此，我们写的时候，才有更多的创造力，文字才有可能更加真实。而真实，是写作者一定要具备的情感之一。

第二是提升观察力。

所谓观察力，是通过人的眼、耳、鼻、舌等感官来获得直接经验的有意识的思维活动。

我们平时写作，可以运用通感的修辞。通感，指的就是视觉、听觉、嗅觉、味觉、触觉等感觉挪移转换，可以增加文章的生动性和感染力。

写作，最重要的就是通过自己的文字打动读者。如果仅仅是粗枝大叶地描写，文章就很难有代入感。

比如我之前有篇文章《一半春色以染心，一半诗意以从容》：

风含笑，柳生烟，花蕾正在一层层拨开春天。迎春花的点点鹅黄，李子花的如雪洁白，还有梅花的暗香盈袖……

春风吹拂，拂去丝丝缕缕的春愁。眼眸里，含着一汪清澈的春水。唇齿间，描摹着醉人的梅红。

内心，仿佛被一缕春风，吹来了千千红萼。迤逦的心事，也如桃花一般，含苞待放。

通过色彩描写，还有一系列的修辞手法，写出了春的明媚与灵动。

第三是要善于收集生活中的素材。

艺术源于生活，又高于生活。所以，生活才是我们源源不断的素材库。

每个人的生活体验都是独一无二的，是独属于自己的一笔写作财富。

那么如何在生活中选择素材呢？那些难以忘怀的经历，那些刻骨铭心的回忆，那些引发自己思考的人或事，都是非常宝贵的写作素材。

只要你愿意认真观察你的生活，用心体会你的生活，你会发现，写作素材无处不在。

之前火爆网络的文章《卖米》，是北大才女张培祥所写，此文曾获北京大学首届校园原创文学大赛一等奖。整篇文章没有华丽的辞藻，也没有刻意的煽情。语言很朴实，用白描的手法写出了作者和母亲卖米的艰辛过程，打动了无数人，读之让人心酸落泪。

这是作者亲身经历的事情，字里行间都流露着真诚。真实的感情最能打动人心。

第四是要随时记录灵感。

灵感是个很神奇的东西，来无影，去无踪。我们能够做的就是随时记录灵感。这就要求我们在生活中要做一个有心人，学会观察生活，把自己看到的，听到的，感受到的，都及时记录下来。

比如，我喜欢写美文日签，发在朋友圈和微头条。美文日签记录的就是当时的想法和灵感。

发在朋友圈或者微头条，与读者互动，有时候，读者的一些回复和评论，也会给自己带来新的灵感。

我有一篇文章《落日黄昏晓，夕阳醉晚霞》开头的几段话，就是当时记录的灵感，发在朋友圈和微头条，第二天又继续扩充成一篇文章：

我喜欢盛夏的黄昏。

夕阳渐渐西沉，橙黄色的光芒，穿过树林，在浓绿的叶子上，斑驳地跳跃着。伸出手，华光在握，描摹出温柔的轮廓。

天空是大片大片的蓝，蓝色的画布上，游离着朵朵白云，跟着清风的脚步，随处飘荡，四海为家。

斜阳晚照，黄昏的光线变得柔和起来。它不像早晨的阳光那般明媚，也不似中午的阳光那么热烈。它有跌宕的旋律，有温婉的柔情，有迷蒙的暖意。一阵晚风吹来，带来山林深处的清凉。

写好了开头，再去往下延伸就很容易了。

第五是要学会实地体验。

"问渠那得清如许？为有源头活水来。"我们只有深深地扎根生活，去体验，才能拥有源源不断的创作素材。

路遥创作《平凡的世界》时，3 年准备，3 年创作，不断地实地调研，体验生活，才写出了让人内心震撼的名著。

作家严歌苓写作之前，也会去实地调研，获得第一手资料和灵感。严歌苓在写《妈阁是座城》时，为了了解赌徒真实的心理状态，专门去赌场里当了一回赌徒，输了差不多 4 万元。

也许有作者会说，写小说要去实地调研，我们写散文美文和自媒体文没必要实地调研。其实，任何文体的写作，底层逻辑都是相通的。我们一定要站在地面说话，任何文体的写作都必须要有真情实感，可以有联想，有想象，但不能太浮夸，一定要基于现实依据。

02 如何搭建素材库

素材库相当于我们的大脑外延。我们的大脑无法记住的东西，素材库可以帮助我们整理归类。

素材库可以按如下分类来整理。

♦ 生活素材库

生活素材库主要记录生活中的一些故事和趣事。我们可以以日记和随笔的方式记录下来。可能当时用不上，但有一天我们需要这类素材时，就可以直接拿出来用。

或者若干年以后，你想写一本回忆录或者自传，那么现在所写的日记就可以成为很好的素材。

♦ 书籍和影视剧素材库

当我们看书看到自己喜欢的句子时，可以直接复制一下，放到自己的素材库里。一定要记得标出处，如果我们写文章用到这方面的素材，就可以引用。

还有一类就是影视剧中的经典台词，也可以摘抄下来，写文章的时候备用。

曾经的热播剧《知否知否应是绿肥红瘦》，女主角盛明兰对于婚姻有很多精彩台词，我都一一记录下来了。写文章写到类似主题就可以参考或者引用。

♦ 金句素材库

所谓金句，就是给我们的文章增加闪光点的句子。金句不必太多，但一定要有一些。

金句一般是书籍或者影视剧中的好句子，好段落。积累得多了，也可以尝试着自己创作金句。

♦ 分类整理自己喜欢的文章

平时我们浏览文章的时候，会遇到一些自己特别喜欢的文章，那么记得及时收藏下来。

学习别人的遣词用句，看看别人如何搭建文章框架，如何突出主题，如何开头结尾，如何写出吸引人的题目。

通过学习，提升自己的写作能力。

收集和整理素材，是需要长期去坚持的事情。素材库里的素材，可以按照不同的主题、不同的风格分类整理。

当然，写作的时候，并不是所有的素材都要用到自己的文章里，而是要学会筛选。

03 筛选素材的 4 个原则

第一，选择与主题相关的素材。与主题无关的素材，不管多么惊艳，也不要用到文章里。

第二，选择有新意的素材。素材有新意，文章也会更有新鲜感。

第三，素材要学会加工。写作本身就是艺术创作，如果只是简单地引用，就失去了创作的乐趣。

第四，要有真情实感。唯有真情实感，才能打动人心。所以，我们写作一定要真诚，素材是真实的，感情是真挚的。

让我们从现在开始，收集整理自己的素材库吧！

第七节 语言：7个方法，提升语言表达力

任何文体的写作，都离不开语言。语言非常考验作者的写作功底，需要长久地练习，慢慢地形成自己的语言风格。

文章要想写得有文采，有感染力，就要提高语言的表达力。

而提高语言的表达力，可以从以下 7 个方面着手。

01 精确的词语运用

写作的时候，要尽量使用精确的词语。

作家庆山在《一切境》里提到：作者描述物体会精确描述它的属性。他不会含糊地写一把椅子，而是写一把刷漆直背椅子。我也喜欢这样，通常这意味着付出更多精力。为了查清楚具体的花、树、草、建筑、材质，必须仔

细翻阅专业资料并做记录。但就结果而言，质感完全不同。

越是精确的词语表达，写出来的内容质感就越好。

名词的积累，从辨别身边的事物开始。用具体的名词称呼，而不是用笼统的词语来称呼。

比如我们在写作的时候，写到一朵花、一棵树，如果不知道它们的名称，先不要停笔，继续写下去，把想写的内容先写出来。写完之后，再去查找资料，查找具体的名称、信息，然后修改文字，用精确的词语来代替笼统的概括。

02 具象的词汇表达

具象的词汇表达，要求我们的写作对象具体而形象，让我们的文章更加生动，更具感染力。

比如说到颜色，我们就不要只是简单地写蓝色、绿色、白色、红色……尝试着用更加具象的词语来描写，可以写孔雀蓝、青草绿、象牙白、玫瑰红等。描写越具体形象，文章就越出彩。

张爱玲特别擅长颜色的描写。比如，在《半生缘》中描写顾曼桢的服饰的颜色时写道：

她在户内也围着一条红蓝格子的小围巾，衬着深蓝布罩袍，倒像个高小女生的打扮。蓝布罩袍已经洗得绒兜兜地泛了灰白，那颜色倒有一种温雅的感觉，像一种线装书的暗蓝色封面。

通过这种对服饰颜色的描写，侧面描写出她的家境贫寒，同时体现出她的性格特点：温婉、质朴、人淡如菊。服装与颜色搭配，都符合作者对人物的设定。

03 熟练运用各种修辞

美妙的文章离不开各种修辞手法的准确运用。文章有了修辞，就有了文采，有了更多的可读性。

例如，张爱玲在《白玫瑰与红玫瑰》里的这段话：

普通人的一生，再好些也是"桃花扇"，撞破了头，血溅到扇子上，就在这上面略加点染成为一枝桃花。振保的扇子却还是空白，而且笔酣墨饱，窗明几净，只等他落笔。

把人生比作折扇，晕染出不同的桃花扇。这个比喻听起来就会让人有耳目一新之感，又回味无穷。

还有钱钟书的《围城》，运用比喻等修辞，奇思异想，妙语连珠。

写夜时，作者说它仿佛纸浸了油，变成半透明体；写到忠厚老实人的恶毒，作者喻为"像饭里的沙砾或者出骨鱼片里未净的刺，会给人一种不期待的伤痛……"

比喻可以说是修辞之王，无喻不成章。比喻可分为化虚为实和化实为虚。

化虚为实是常见的，古诗词中常把看不见的愁，比作各种可以感知的实物。例如，贺铸的"试问闲愁都几许？一川烟草，满城风絮，梅子黄时雨"，李煜的"问君能有几多愁？恰似一江春水向东流"，把看不见的愁比喻成烟草、风絮、梅子雨，以及一江春水。

化实为虚，比如秦观的"自在飞花轻似梦，无边丝雨细如愁"。把花和雨比作梦和愁，化实为虚，意境深远。

修辞手法多种多样，除了比喻，还有拟人、夸张、排比、通感等。只要运用得当，就能增强语言的表现力。

再来看朱自清《荷塘月色》里的这句话："微风过处，送来缕缕清香，仿佛远处高楼上渺茫的歌声似的。"

把清香比作歌声，是用了通感的修辞手法，让文字更有美感，更有画面感。

04 适当的联想和想象

联想，即通过一个事物联想到另一个事物，两个事物之间有某些共同点。

想象是在原有事物的基础上，创造出另一种形象，这种形象可实可虚。

"寂寥的时光，也如茉莉一般，哗啦啦地盛开了，开在一卷清凉的秋风里，也开在寂寞的秋的清愁里。"

这句话运用了比喻的修辞，但是在比喻的时候，也充分地发挥想象力，由时光联想到茉莉的盛开。这样的写法，既有文采，也很有新意。

05 注意句式的转换

适当地变换句式，能使行文摇曳多姿，更好地突出作者想要强调的内容。

可以把主动句、被动句、肯定句或否定句交替使用，也可以用对偶句和长短句。

主动句与被动句可以强调是主动还是被动，表达作者的感情色彩。

我们来看一组主动句和被动句的表达效果。

被动句：闰土终于被他父亲带走了。

主动句：闰土的父亲把闰土带走了。

两句话表达的意思是一样的，但由于句式的不同，作者所强调的内容也有所不同。被动句更能突出闰土是被迫离开的，说明他自己是不想走的，在全文的语境中，更能突出两个少年的情谊之深。而主动句的表达就少了一丝感情色彩。

肯定句与否定句可以表达不同的语气，使语言表达更加丰富。

例如，下面两组句子，句式不同，表达效果也不同。

肯定句：红四团的战士必须抢在敌人前面赶到泸定桥。

双重否定句：红四团的战士不得不抢在敌人前面赶到泸定桥。

肯定句：这件事肯定是她做的。

双重否定句：这件事不可能不是她做的。

肯定句表示肯定的语气，双重否定句也表示肯定，但加强了表达的语气。在写作中，我们可以根据具体的内容和语境，决定选择哪种句式。

对偶是用字数相等、结构相同、意义对称的一对短语或句子，来表达两个相近意思的修辞方式。

例如，"海内存知己，天涯若比邻"这两句诗就体现了语言的均衡美和对称美，可以加强语势，强化语言的感染力。

散句则是由结构不同、长短不一的句子排列在一起，形式参差，错落有致，表意更为自由，体现了语言变化的美感。

长句字数多、内容信息量大，表达的意思更加严谨细致。短句短小精悍，干脆利落，生动明快，活泼有力，节奏感强。

例如，《新华社》公众号夜读栏目一篇文章里的这段话：

生活既需要全力以赴的奋斗，也需要顺应岁月的和解。

没有谁的人生会一马平川，不如把脚步放得慢一些，走得稳一些。坦然面对所有，张弛有度，举重若轻，日子才会有舒心明朗的模样。

各种句式的综合运用，灵活搭配，就能极大地提升语言的表达力，产生一种特殊的美感。

适当地运用倒装句，可以起到突出强调作用，使语言更富有表现力。

如徐志摩的《再别康桥》中"轻轻的我走了"。这一句把"轻轻的"放在"我"的前面，很好地传递了徐志摩离别康桥时，淡淡的伤感中夹杂着对康桥的思念与挚爱。

如果改成"我轻轻地走了"，效果大减，诗味全无了。

提升语言表达力的途径很多，我们在写作时要多去思考、多感受、多读多写，就可以写出更多的佳作。

06 删减不必要的信息

写好的作品，语言要简练，简明扼要地表达出自己想要表达的内容。简单来说，就是话说得少，而意思包含得多。

要学会概括，学会删减不必要的信息。

有的人写作，什么都往文章里搬，也不管是否与主题相关。

删减的过程，其实就是精简的过程。把与主题无关的语言、句子和段落，通通删掉。

作家威廉·津瑟认为，好的写作秘诀就是剥离每一句话中的杂物，只存留其最洁净的部分。每一个无用之词，每一个在动词中已经表示其相同意思的副词，每一个使读者不知谁在干什么的被动语态结构——这些都是削弱句子力度的掺杂物。

我们举例来感受一下。

原句：

"把它放下！"她威胁地叫道。"还给我，"他凄惨地哀求，"那是我的。""别傻了，金克尔。"乌特森鄙夷地说。

改动后：

"把它放下！"她叫道。"还给我，"他哀求，"那是我的。""别傻了，金克尔。"乌特森说。

改动后的句子删减了多余的修饰词，让读者根据对话的内容充分发挥自己的想象。

要想写出高质量的文章，语言要简洁，内涵要丰富，要对自己的文章进行"断舍离"，不断锤炼自己的语言，力求表达准确、凝练、简洁而有力。

07 学会适当留白

留白，是一种艺术。在写作中，适当留白，可以给读者留出充分思考的空间，可以给人一种意犹未尽的感觉。

莫泊桑在《项链》中曾经使用过留白的写作手法。

"唉。可怜的玛蒂尔德，不过我那一串是假的，顶多值五百法郎！……"

在《项链》中，作者在妇人讲述真相后直接结尾，对女主人公的反应和今后的生活不再过多描写，从而激发了读者的丰富联想，让结局更多元化。

还有陶渊明在《桃花源记》里的留白：

南阳刘子骥，高尚士也，闻之，欣然规往。未果，寻病终。后遂无问津者。

刘子骥是怎么生病的？后来的桃花源变成了什么样子？作者都没有具体再写，而是留给读者想象。

最后，我想和大家分享的是，写文章最重要的，就是让人读起来舒服。如果只是片面地追求华丽的辞藻，没有真情实感，那么文章也只会流于表面，缺乏深度，无法引起读者共鸣。

第八节 意境：4个方法，巧妙营造唯美意境

有一句话说：熟读唐诗三百首，不会作诗也会吟。

对于写作来说，熟读诗词，不仅可以培养我们的语感，同时可以增加我们的词汇量。

我比较喜欢的一位美文作家白落梅老师，她的文笔富有禅意，读起来特别舒服。每次读她的书，都会觉得她的古文功底非常深厚。

在写作的时候，我们也可以引用诗词，化用诗词，来增加语言的美感，营造唯美的意境。

但需要注意，引用诗词不要过多，过犹不及。有些写作者在引用诗词的时候，会大量引用多个诗人的诗词，但读起来像是用别人的诗词拼凑起来的文章，影响读者的阅读体验。

还有一些写作者，引用诗词时喜欢把整首诗词全部引用，引用以后再进行大段的诗词赏析，把诗词的创作背景、诗人介绍、主题等全部写一遍。我们引用诗词是为表达文章的主题，不能本末倒置，把文章主题抛在一边，专门做诗词赏析，这样就偏离了主题，写得再好，也没有用处。

举个例子，我在文章《浅秋，落字为安，淡暖清欢》中，在表达季节的更替时，引用了三句诗词：

一直向前走，遇见"二十四桥明月夜"，遇见"梧桐深院锁清秋"，遇见"草木摇落露为霜"。每一次遇见，都是季节的抵达。

引用诗词，一般引用几句即可，不需要大段引用。引用过多，反而会破坏文章的和谐与美感。

除引用外，也可以化用诗词。化用诗词，就是借鉴诗词的写作手法，在原有的诗词基础上，再加以创作。

举个例子，在文章《安静，是一个人的繁华》中有这样一段话：

空山松子落，是一种幽静之美。明月照轩窗，是一种清寂之美。

空山、松子、明月和轩窗，这几个词语都是古诗词里经常出现的意象，同时能够更好地表达"静"的主题。所以，可以通过自己的二次创作，来表达文章的主题。

除了引用和化用两种方式，古诗词中，我们更需要借鉴的，是意境的渲染方式。

比如，我自己特别喜欢的一首诗：

江雪
[唐] 柳宗元
千山鸟飞绝，万径人踪灭。
孤舟蓑笠翁，独钓寒江雪。

这首诗从首句的数字"千"和"万"与后面的"孤"和"独"做对比，四个字读起来便是千—万—孤—独，更能表达作者孤寂的情绪。

诗中运用典型概括的手法，选择千山万径、人鸟孤绝两种最能表现山野空旷的景物，接着描绘大雪纷飞、孤舟独钓的场景，更能表达出作者内心的不屈与孤独。全诗构思独特，语言简洁凝练，意蕴丰富。

我们写文章的时候，也可以借鉴这种写法。通过运用数字、对偶、对比等手法渲染文章的意境，表达自己的情感。

还有另一首元曲，也非常经典。

天净沙·秋思

[元] 马致远

枯藤老树昏鸦，

小桥流水人家，

古道西风瘦马。

夕阳西下，

断肠人在天涯。

此曲将多个词语组合在一起，就有了意境。比如枯藤、老树、昏鸦、小桥、流水、人家、古道、西风、瘦马和夕阳等意象，非常适合深秋萧条落寞的情感。

这首元曲也因为"意蕴深远，结构精巧，顿挫有致"，被后人誉为"秋思之祖"。

其主要用了四个手法，我们一一来解析，在写作中，我们也可以学习借鉴。

01 借景抒情，在情景交融中渲染意境

意境是中国古典诗歌中的一个重要范畴，它的主要特点是情与景的交融，通过写景来抒情，情与景巧妙结合，构成意境。

《天净沙·秋思》前四句看似是在写景色，但景中也含情，用"枯""老""昏""瘦"等字来描写秋日之景，奠定了落寞凄凉的情感基调，为最后一句"断肠人在天涯"的羁旅之思做情感铺垫。

这种写作手法我们在写作中也可以借鉴。

举个例子，文章《浅秋，落字为安，淡暖清欢》里有段话：

邀一缕清风作盏，采一抹花香入茶，再撒上二两月白，与秋水长天，共饮一抹秋色。

这段话采用的就是以景托情、寓情于景的写法。写清风、花香、月白和秋水等意象，再前缀动词增加语言的表达力，渲染初秋的静谧。

02 采用众多的意象表达情感，使文章充满诗情画意

《天净沙·秋思》28 个字中就排列着 10 种意象，这些意象又具有同一种情感基调。从枯藤、老树、昏鸦到小桥、流水、人家，再到古道、西风、瘦马，最后再到夕阳，作者的视野层层扩大，意蕴深厚，境界和谐，情感也越来越浓郁。

举个例子，文章《风住尘香花已尽，清风明月两相依》里有段话是这样写的：

桃之夭夭，春风十里，盈盈花香的韵致里，是惊鸿一瞥的心动。

月色敲窗，风舞清影，暗夜低垂的夜色里，是长夜未央的思念。

风染花香，疏影横斜，幽幽暗暗的岁月里，是花开花落的相依。

这段话就运用多个意象，有花，有月，有风，有清影，增加了文章的美感，使文章有了诗情画意。

需要注意，多个意象需要统一，就像画画一样，画面里出现的意象不能是对立的。比如写春天，意象就要围绕春天的景物来写，不能写其他季节。写初秋，就不要有深秋的意象。

所有的意象需要为整体的画面和意境服务。

03 用白描手法，勾勒画面感

白描的写法，可以用于多种文体，小说、散文、诗歌等都可以使用。白描也是常用的文学表现手法之一，主要用朴素简练的文字描摹形象，不重辞藻修饰与渲染烘托。

白描类似工笔画，一笔一画，给读者勾勒出一幅意境深远的画卷。

如鲁迅《故乡》的开头：时候既然是深冬；渐近故乡时，天气又阴晦了，冷风吹进船舱中，呜呜的响，从篷隙向外一望，苍黄的天底下，远远横着几个萧索的荒村，没有一些活气。

鲁迅先生的语言精准凝练，没有一个多余的字。寥寥数语，几笔勾勒，不但将故乡深冬的阴晦和压抑描写出来，而且字里行间，也表露了作者内心深处深沉的悲凉。

所有的景，都包含着作者的情；所有的情，都流露在对景物的描写上。

04 情感升华，引起共鸣

《天净沙·秋思》主要表达的是悲秋之感，是羁旅之思。深秋萧瑟之时，人们看到黄昏、残阳、落叶、枯枝，也特别容易感伤，容易激起人们的共鸣。

虽然人类的悲欢并不共通，但人类的情感是可以共鸣的。

所以，我们在写作的时候，要记得深挖主题，升华我们所要表达的情感。把个人情感上升到家国情怀，或者人生哲理，或者生命意义……如此，文章就有了温度与深度。

修改：6个方法，快速完成文章的修改

好文章都是修改出来的。

《写作法宝》里有句话：修改是写好作品的基础，它决定了这场游戏的成败。

历史上，唐宋八大家之一的欧阳修写完文章之后，总要贴在墙壁上，以

便随时修改，有时一篇文章竟会修改到一字不留。他的夫人怕他用功过度，对他说："何自苦如此，当畏先生嗔耶？"欧阳修笑曰："不畏先生嗔，却怕后生笑。"

著名散文家杨朔说："我的散文是修改出来的，我的手稿总是改得密密麻麻的。"

美国知名小说家约翰·殴文也说："作为一个小说家，改写占了我人生的四分之三。"

作家海明威对于文章质量有着极致的追求。他每天都要修改文章，每写完一本书，他还会从头到尾修改一遍，请人誊写草稿之后再改一遍，清样出来后再改一遍。

据说《永别了，武器》这本书，初稿写了6个月，修改就用了5个月，单是结尾处就修改了39遍。

大师们的作品尚且要经过好几遍的修改，何况我们的呢？我们呈现给读者的，不应该是初稿，而是经过多次精心修改的文章。

村上春树说："不存在十全十美的文章，如同不存在彻头彻尾的绝望。"

没有十全十美的文章，但我们可以修改出相对完善的文章。

我们来说说如何修改文章。

我们要把自己从写作者的身份中抽离出来，从读者的角度去批判，修改。

我们需要把"写初稿"和"修改"区分开来。

写作和修改其实是两个不同状态的事情。写作是创作者的角色，用感性思维来创作，思维天马行空，情感丰富饱满；而修改则是批判者的角色，用理性思维来看待自己的文章。

我们写作的时候，可以放飞自己的想象力，无拘无束，自由自在，放下一切干扰，恣意去写。

写文章的时候，不要回头看，不要修改错别字，不要查资料，不要看信息，不要被其他事情干扰，一口气写下去。能写到哪里就写到哪里，能写到什么程度就写到什么程度，直到把一篇文章的初稿写出来。

而修改文章的时候，就要用批判者的眼光来看待自己的文章。善于发现问题，从主题到结构，从开头到结尾，从标点符号到语言表达，敢于大刀阔斧地修改。

修改文章的时候，建议放一段时间再修改。因为我们刚写完文章，我们的思路、情绪和情感都还沉浸在文章里，无法客观地评价自己的文章。

过一段时间，再来重新读自己的文章，往往就能从写作者的状态中抽离出来，这个时候，我们就能发现很多问题。

一般建议大家起码将文章放一天之后再来修改。如果文章着急发布，也建议最少2个小时之后再修改。

修改文章时，还有一点比较重要的是，站在读者的角度来修改。

错别字、错误的标点符号，还有那些不通顺的句子、与主题无关的段落，都要及时修改，不合适的内容要大胆删去。

叶圣陶与夏丏尊所著的《文心》中有这样一段话：最好自己仔细看过，有一句话一个字觉得不妥就得改，改到无可再改才罢手，这个习惯必须养成。修改文章除了修改语言，更重要的是修改思想。看看文章是否符合逻辑，主题是否明确。我们修改就是力求思想正确，逻辑清晰，语言表达更加准确。

接下来，具体分享一下修改文章的6个方法。

我们修改文章的时候，可以先从整体上来看看文章的主题是否明确，素材是否合适，逻辑是否清晰，然后去修改文章的细节，比如用词是否准确，标点符号是否正确。

01 检查主题是否明确

一篇文章只能有一个明确的主题，我们不能写着写着就跑题了。

写文章的时候，我们可以做加法，不断扩充内容；但是修改文章的时候，我们就要学会做减法，与主题无关的语言和段落，都要删去。

02 所选素材是否与主题相关

有的写作者写作的时候,恨不得把所有的素材全部都填充到一篇文章里面去。结果是洋洋洒洒几千字写出来,读者读的时候却一头雾水,不知道作者在表达什么。一篇文章只能围绕一个主题来写,我们修改文章的时候,要把与主题无关的素材都删除。

03 文章的逻辑是否清晰

我们写初稿的时候,往往天马行空,想到哪里就写到哪里,这本身是没有问题的。

但是我们修改的时候,就要更加严谨客观。看看文章的结构是否合理,文章的逻辑是否清晰。有些文章之所以读起来不够顺畅,并不是语言不好,而是句子与句子之间,段落与段落之间缺乏过渡与衔接。那么,增加一个过渡词,或者过渡句、过渡段,文章的逻辑就会更加清晰。

04 看看标题是否吸引人

标题是一篇文章的点睛之笔,在某种程度上,直接决定了一篇文章的阅读量。

写文章的时候,可以先写出标题,但是在最后我们也需要反复推敲,反复筛选,选择一个最适合的标题。

好的标题,要么有深度,要么有新意,要么很唯美,要么能够给读者提供信息增量或者价值……总之,要有一个点能够吸引读者。

05 开头和结尾是否有吸引力

文章的开头和结尾对于一篇文章来说是非常重要的。

修改时，要站在读者的角度上来考虑，开头怎样写，才有吸引力？结尾如何写，才能够给读者留下深刻的印象，引起读者的共鸣？

修改的标准是，既要符合文章主题，也要能够感染读者。

06 润色语言

语言是文章的基础。我们之前讲过如何增加语言的表达力，如何写出金句。那么，现在就派上用场了。

润色语言的时候，首先要检查是否有错别字和错误的标点符号。作为写作者，我们要对自己的文章负责，也要对读者负责。尽可能地杜绝错别字，因为错别字非常影响阅读体验。

当然，有时可能我们修改了几遍还是没有办法完全避免错别字。那么，即使文章发布以后，如果有读者看到错别字帮我们指出来，我们一定要很谦虚地接受，并且立即修改。

除了修改错别字，也要适当地润色语言，让文字更加生动，更加有感染力，更具美感。

当然，语言也要力求准确、凝练。

作家余光中曾说："少用'的'字，是一个作家得救的起点。"由此可见，删除多余的字词有多么重要。

"的"字是白话文里经常用到的一个字。其实，大多数的"的"字是可以删除的。删除之后，文章会变得更加简洁，更有节奏感。

除了"的"字，还有一些偏口语化的语言，如"感觉""我觉得""了"……这些词语都可以适当删减。

简单来说，可用不可用的词，不用；可删可不删的词，一定要删。

我记得有一次看郭德纲的评书节目，他曾提到，在他初期学习相声的时候，需要提前写草稿。写好之后，背下来，然后上台表演。这个草稿非常重要，需要凝练，不能有废话。

怎么判断有没有废话呢？就是把这句话删去，看看影不影响整段话的意思表达。如果不影响，那么说明这句话是多余的，直接删去。

这个方法其实也适用于写作。

文章写完之后，我们可以自己多读几遍。有的句子读着读着就能发现问题。我自己的文章写完之后，我会朗读一遍，哪里读着不舒服，哪里读着有多余的语句，都会直接删去。

除了删减不必要的语言，在句式上，也要不断修改完善。

前文也提过，长句信息量比较大，表达方式更加深沉严肃，短句比较活泼，有力量，表达方式更加热烈奔放。长短句交错使用，可以结合两种句式的优势，读起来更有节奏感，更加舒服。

这些修改文章的方法，大家都可以尝试一下，让文章更加完善。

第三章

进阶写作

打通写作思维，养成写作习惯

第一节 写作定位：定位写作领域，持续深耕

说到写作，其实每个人都会写。只要喜欢文字，喜欢读书，都有一定的写作基础。如果你愿意提笔去写，愿意学习，都可以成为一名写作者。

我一直认为：读书和写作，是门槛最低的高级技能。

回想一下，我们是怎么爱上写作的呢？大抵有如下两个原因。

第一，对文字的热爱。喜欢写作的人，大部分在上学时期作文就很好，经常被当作范文。后来，由于学业或者参加工作，中断了写作。某个机缘巧合，再次开始写。

第二，有情感需要宣泄。喜欢文字的人，大多有些敏感，比较感性，有很强的同理心。这种敏感其实也是一种天赋，它能够让我们对周围的人或事有更加细腻和深刻的观察。而写作，可以让我们把感受到的喜怒哀乐，感知到的真善美，通过文字的方式表达出来。

刚开始写作，很多写作者都怀有一腔热情，满怀期待地去写。可是写着写着，遇到瓶颈期，或者没有达到自己的预期，就会产生自我怀疑，甚至放弃写作。

成功的道路并不拥挤，因为坚持下来的人很少。

那么，怎样坚持写作呢？

01 明确自己的写作目的

每个人写作的初心和目的都不一样，并无好坏之分。有的人是想通过业余写作变现，增加一点副业收入；有的人就是我手写我心，通过写作表达自我，记录生活；也有人，就是两者兼有，既抒发情怀，也通过写作变现。

同一个写作者，不同的写作阶段，写作目的也是不同的。

初期阶段，写作就是为了更好地表达自己。这个阶段，可以尝试写日记和随笔，从身边的人和事写起，不必过于在乎阅读量，只是全身心地融入写作，用写作记录流逝的光阴。

过了初期阶段，对于写作就有了更高的要求。这个阶段的目的，是希望自己的文章能够上稿更大的平台，能够有更多的阅读量，能够引起更多读者的共鸣。这个时候写作者就要具备读者思维。

再上升一个阶段，写作技巧更加成熟。写作者慢慢形成自己独特的文风，有了深耕的写作领域和平台，也有了自己的读者群体。那么这个时候，就可以通过写作打造个人品牌，放大个人的影响力。

这几个阶段几乎是每个写作者都要经历的。很多写作者会卡在第二阶段。坚持了一段时间之后，发现自己很难上稿，也没有任何办法变现，就会产生自我怀疑。

不可否认，写作变现，在某种程度上可以更好地激励我们写作。那么怎样实现写作变现呢？

目前来说，写作变现的方式有很多。比如公众号投稿、自己运营自媒体、写书评影评、写商业文案等，都可以变现。还有一些自媒体平台，如百家号、今日头条也有很多变现的渠道。小说作者可以尝试签约小说网站。

公众号投稿是最直接、最简单的变现方式。关于公众号投稿，有两种方式：一种是找适合自己文风的公众号，文风一致，更容易过稿，而且写起来会更顺手；另一种是研究自己感兴趣的公众号的征稿风格，投其所好，写适合这个公众号的文章。我个人更喜欢第一种，会轻松一点。但是，每个人情况不同，优势不同，因人而异。适合自己的，就是最好的。

对于写作者来说，寻找适合自己的平台和定位是非常重要的。因为每个人的写作风格不一样，适合发展的平台也不一样。

找到了适合自己发展的平台，接下来就需要持续在一个领域深耕，打造个人品牌。当你的文章越写越好的时候，就会有很多的约稿机会，变现也不是问题。

最后，我们需要明白，写作变现只是一种外在的鼓励形式，如果真的发自内心热爱写作，就不要急于变现。写作，是一种慢回报的事情，越着急，就越焦虑，越迷茫，可能会适得其反。坚持写下去，提升文章的格局和质量，自然会有回报。

02 调整写作心态

明确写作目的之后，写作心态也很重要。

关于写作，我有一句很喜欢的话分享给大家：你一定要很努力，但是千万别着急。

不要看到别人拿到稿费，就很着急；不要看到别人出书和签约，就很焦虑。不要和别人比，因为每个人的起点和优势不一样，越比较，越自卑，越没信心。写着写着，就写不下去了。

向别人学，跟自己比。多多学习别人的优势，每一天，只跟自己比，只要自己的文章越来越好，每天都是进步的，就可以。

03 找准定位，找到适合自己的文风

坚持写作，10 万字是第一个坎，我就是写到将近 10 万字的时候，才找到自己喜欢的和适合自己的文风。

刚开始写的时候，什么文体都写：诗歌、散文、美文、故事、自媒体文、文案……写来写去，我发现自己最喜欢写美文，美文的阅读量和点赞量也最高。所以，我确定了自己的写作定位是美文，偶尔也写诗歌。

想要确定自己的写作定位，可以从以下三个方面着手。

一是看自己喜欢读什么样的文章。喜欢读什么样的文章，基本上就可以锁定自己喜欢的文体。

二是确定自己喜欢写什么类型的文章。哪一类的文章自己写起来最顺手？自己喜欢的，更容易长久地坚持下去。

三是可以对比分析一下，看看自己的哪一类文章最受读者欢迎。可以参考文章阅读量。阅读量虽然不是万能的，但可以在一定程度上反映出文章的受欢迎程度。

三个方面相结合，基本可以确定自己的定位了。

比如我，平时很喜欢读诗词、散文和美文，现在也喜欢读一些心理学类、国学类和哲学类书籍。我曾经也尝试过各种文体，但是美文类最受读者认可，而我自己也最喜欢写美文。

我后来也尝试写书评、影评、观点文和人物稿，但文章风格基本都是美文风。

04 坚持写作，持续深耕

有句话说：写作是一条认识自己、认识真理的路，你只要喜欢写，应该随时动笔去写。

找到属于自己的文风以后，就是坚持写。写出自己的风格。在写作中可以听取别人的意见，但不必因为别人的质疑而怀疑自己。

写着写着，发现没什么东西可写，或者写不下去时，要积极调整心态，多看看书，坚持输入，多学习借鉴，自然就会有灵感。

坚持写下去，你会看到自己一点一滴地成长。即使到最后我们成不了伟大的作家，这些写过的文字，也会让我们的生命更加有意义。

第二节 持续写作：培养持续创作力，长久写作

有一些写作者，刚开始写作时，容易急于求成。有人想通过一两个月的训练，迅速提升自己的写作水平；有人想通过写作快速变现，像别人一样实现财务自由；也有人想通过写作尽快实现自己年少时的"作家梦"……

其实，有梦想是好的，但我们有了想法，要切实地付诸行动，也要明白，写作不是一蹴而就的，而是一个长期积累的过程。

你所看到的别人写作变现、签约、出版，甚至成为作家，都是经过了长时间的写作积累的，厚积才能薄发。

如果刚开始写作就一直盯着这些目标，一下子又无法实现，很容易产生挫败感。继续坚持又找不到方向；放弃，又觉得不甘心。

2021年我参加奔流文学院作家研修班，听著名作家李炳银老师讲课，他在课堂里说：写作最好的心态就是"无心插柳柳成荫"。

但行好事，莫问前程。不必在乎结果，只要努力做好每一个过程。培养自己的持续创作能力，坚持写作。

那么，什么是持续创作力呢？持续创作力的核心是什么？怎样培养持续创作力？下面我们来一一解析。

01 持续创作力是什么？

持续创作力就是持续创作的能力，是每个成熟的写作者必须具备的能力之一。

持续创作，最常见的方式便是日更。对于日更，也存在两种不同的观点，一种观点认为，日更只追求数量，影响质量；另一种观点认为，坚持日更，不断练习，才能越来越好。

其实，写作最重要的是要根据自己的节奏来写，没必要纠结是否日更。有的人，写作速度快，就坚持每天写一篇文章；有的人写得慢，一周保证更文 2～3 篇，也是可以的。

最重要的是要写，开始写，坚持写。

著名作家海明威曾说，写作是他排在第一位的事情，他把"定时定量写作"当作铁律。每天早晨 6 点，他都会聚精会神地站着写作，一直写到中午 12 点左右。

虽然达不到他的写作境界，但作为写作者，我们也要坚持每天写作。哪怕每天写出几百字当作练笔，也可以慢慢让我们养成写作的习惯，持续写作。

如果没有持续创作力，一旦遇到外界的影响，或者遇到写作瓶颈期，就很难突破。写作一旦停下，就很难再坚持下去。

02 如何培养持续创作力？

第一，要安排好自己的时间，不能因为写作就打乱了自己的生活。可以根据自己的生活习惯，每天在固定时段写作。

第二，用心去感受生活，收集自己的故事，也去发现别人的故事。用心观察身边的一草一木，体会不同的心境。把自己的情感融入作品中，就会有源源不断的灵感和素材。

第三，找准自己的定位。每个人所擅长的领域不一样，要找到自己的文风和定位，是小说、散文、"干货"文、网文，还是书评影评？

第四，不断总结反馈。在写作过程中，不断总结反馈，写得好的地方，继续坚持；写得不好的地方，及时改进。

第五，明确自己写作的目标。是出书、变现、签约平台，还是做影视编剧？

明确自己的写作目标，不断努力，不断精进。

第六，做好长期的创作准备。首先选一个好听好记的笔名，选一个好看的头像，让人印象深刻。然后用坚定的热情，持续创作下去。写作，不是一蹴而就的，用坚定的信念，做好长期写作的准备。把写作的时间线拉长，用10年，20年，甚至一辈子的时间来审视自己的写作。

第七，试着像作家一样生活。享受孤独，放弃一夜成名的妄想，养成读书的习惯，持续输入，持续创作，保持思考。

第三节 突破瓶颈：突破写作瓶颈，稳定创作

写作瓶颈，简单来说，就是我们的写作进入一个需要突破的阶段。

不管是一流的作家，成熟的写作者，还是刚开始写作的初写者，在写作生涯中，都会不可避免地遇到瓶颈期。

我们首先要明白，在写作过程中遇到瓶颈期是很正常的，也是必然的。瓶颈期，从另一个角度来看，是一种突破和成长。

下面分享一下如何度过瓶颈期。

01 心态上，不要否定自己

有很多写作者，当遭遇瓶颈期时，就会怀疑自己，否定自己，觉得自己没有写作天赋。

自己的文章怎么看都无比糟糕，别人的文章怎么看都那么好。对比之下，更容易迷茫，焦虑。到最后，甚至放弃了写作。

村上春树也曾经历过低潮，写不出东西。但是他依然坚持每天早晨4点

起床，写小说，按量完成任务，绝对不拖延。

严歌苓在创作《陆犯焉识》时，遇到瓶颈期，甚至怀疑自己江郎才尽。她说，创作每一部作品都会有黑暗时刻。

在写作瓶颈期，不要否定自己，多给自己一些鼓励，熬过去，就成长了。

处于瓶颈期的写作者，内心本来就很脆弱，自我评价比较低，需要的是鼓励，而不是批评和打击。这个阶段尽量远离批评的声音，多看看读者鼓励的、赞美的留言，调整好心态，才能更好地创作。

02 降低写作期待，自由写作

到了写作瓶颈期，不要对自己有过高的期待。给自己一段时间调整，随心所欲地去写，想写什么就写什么，当作练笔和过渡。

当我遇到瓶颈期时，我会告诉自己：你有写出垃圾的权利。这样一想，反而内心释然了很多，写作也变得轻松起来。

当我们降低了写作的期待，随心去写时，便能重新感受写作的乐趣。

对于写作者来说，每一次写作，都是一次全新的创作。我们无法保证每一篇文章都是精品。如果每次写文章之前，都抱有强烈的期待，对自己而言，也是很痛苦的事情。

在写作群里，我建议大家每天打卡。不用每天写出一篇文章，但可以每天写出一段话，记录自己的所思所想，锻炼自己的文笔。

把写作当作练习，经常写，每天写，就会越来越好。用这种方法，更容易突破瓶颈期。

我们写作群的一位学员曾说，如果她这段时间没什么内容可写了，就翻翻自己的打卡日签，然后把它扩充为一篇文章。坚持每天打卡练笔，坚持每周更新文章，她的文章写得越来越好，不断上稿，成为平台签约作者。

《成为作家》一书中写道：在你整个写作生涯中，不论何时，只要你面临才思枯竭的危险（即使才思敏捷的作家也会遭遇这样的危险），记住把铅笔盒、纸张放在你床边的桌子上，早上醒来就开始写作。

这个方法非常有用，到了写作时间，就坐下来，开始写，即使处于瓶颈期，也能坚持写下去。

03 大量地阅读

写作本质上是一种输出。当我们遭遇瓶颈期时，很有可能是因为我们的输入已经远远低于我们的输出了。

那么，这个时候，要增加自己的输入，比如多读书、看电影，多与文友交流，也可以去旅行，听别人的故事。从多个维度，增加自己的输入。

我的写作也曾遇到瓶颈期，那段时间，自己写出来的文章怎么看都不满意，我甚至怀疑自己不会写文章了。

越来越多的负面情绪快要把我压垮。这个时候，我选择放慢写作的节奏，静下心来读读书，利用读书调整自己的情绪和状态，也在读书的过程中，不断激发写作灵感。

当我读完书，把读后感写出来时，我的写作状态又重新饱满起来。

读书，就是有这样的好处，它不受时间、地域的限制。只要你有时间，随时都可以拿出自己喜欢的书来读。书读得多了，内心的表达欲望便会被重新点燃。

04 不忘初心，方得始终

想想自己当初为什么写作，在写作的过程中，不能忘记自己的初心。

对我来说，我写作的最初目的，就是疗愈、表达和记录。所以，不管写得好不好，写到什么程度，我都会坚持写下去。

我特别喜欢阿根廷作家博尔赫斯的这句话，也分享给大家：我写作不是为了名声，也不是为了特定的读者，我写作是为了光阴流逝使我心安。

我用这句话作为标题写了一篇文章，受到了很多读者朋友的喜欢。

即便我们写不出惊艳世人、流传后世的作品，但写作本身帮我们留住了光阴，记录了时光，使我们的生命更加丰盈，使我们的生活更加充实。

05 取悦自己，感受写作的心流

我们最初爱上写作，大多是为取悦自己。只是，很多人写着写着，一味地迎合读者，迎合市场，追热点，跟风，在这个过程中，却越来越难写出让自己愉悦的内容。

当一个人的写作无法取悦自己时，写作就会变得痛苦，也很难坚持下去。

对于写作者来说，要在取悦自己和满足读者之间寻找一个平衡点。如果只是取悦自己，就变成了"自嗨文"；如果只迎合读者，也很难写出有真情实感的文章。

就像一些套路化的文章，不管当时有多火，写得久了，写作者的热情和灵感就会被磨灭。因为写作最重要的是真诚，有新意，不可能按照某一种模式一直写下去。

麦家这样分享他的写作经验：我觉得一个作家最重要的职责是要关注自己的心灵，要和自己的心灵时刻团结在一起。除了要和心灵团结外，我觉得一个作家还应该和自己写作的语言握紧手。

写作，最重要的是表达自己的真情实感，愉悦身心。唯有如此，才能长久地写下去。

06 加入一个适合自己的写作圈子

一个人写作也许很孤独，很容易放弃，但一群人写作，大家抱团取暖，相互鼓励，会走得更远。

有一个良好的写作氛围非常重要，大家有相同的爱好，相互扶持，一起加油。

在我们的写作群里,每天都会有文友分享上稿文章,这也是一种激励,既可以学习别人优秀的文章,也可以激发自己写作、上稿的欲望。久而久之,自己也可以慢慢坚持下来。

在一个热爱写作的圈子里,每天看到大家都很用心地在写作,就很难为自己寻找懒惰的理由和放弃的借口。

07 最重要的一点,你一定要很努力,千万别放弃

作为小标题的这句话我曾分享给很多的写作者,也是我特别喜欢的一句话。

有时候,自己没有写出成绩,却一直看到别人上稿、出书,就很容易焦虑。

与其迷茫焦虑,不如着眼于当下。好好读书,坚持写作,向别人学,跟自己比。

励志作家李思圆,她热爱写作,7年如一日地坚持写作。她的第一本书在交稿后,等了整整3年都未被出版。这期间,她也经历了无数崩溃的时刻。

当她得知自己的书可能永远也无法出版时,她的内心有过刹那的沮丧和失望,但她并没有就此放弃写作。

她甚至觉得,这对她来说,是一种考验,考验她,是否可以在剔除功利心以后,依然热爱写作,是否在面对失败时依然愿意相信文字的力量,语言的力量,甚至文学的力量。

她问自己:如果自己一直无法出书,还会坚持读书写作吗?答案是:会!因为她热爱的是写作本身。不管结果如何,她都在很努力、很自律地坚持。

正因为如此,她的第一本书一经上市,便成为当年的畅销书。后来又陆续出版了第二本、第三本、第四本畅销书。

永远不要因为挫折而放弃你的梦想,不要因为别人的质疑而否定你内心的声音。相信自己,内心坚定,努力向前。

第四节 写作输入：高效阅读，为写作增加输入

前文反复提及，写作是输出，读书是输入。要想长久地坚持写作，就需要不断地增加输入。

读书，是最常见的输入方式。所以，作为写作者，阅读应该成为一种习惯。

在我们的写作群里，有的写作者会问我："如何挑选适合自己阅读的书？""如何读书，才能将书中内容转化成自己的东西？""怎样通过读书，为自己的写作提供素材和灵感？"……

类似的问题还有很多。我们重点说一下，如何高效地阅读，为写作增加输入。

01 找到自己的兴趣点

读书，首先要读自己喜欢的书。再好的书，如果自己不喜欢，或者当下的状态不适合读，就算逼迫自己勉强读完，也很难有大的收获。

最简单的方法，就是找到自己的兴趣点，根据自己的爱好来选择书籍。等养成了良好的习惯，可以再不断地扩充读书的范围和领域。

如果你喜欢诗歌，就可以读唐诗宋词，读诗歌赏析，读现代诗。好的诗歌作品，可以培养我们的语感，激发写作灵感。

如果你喜欢某个作家，就把他的书买来，认真品读。读得多了，自己的文字也会接近他的风格。

另外，建议大家可以读一些国学经典、心理学书籍或哲学类书籍。通过阅读，提升我们的思维。只有我们的思维格局提升了，我们文章的格局才会有所提升。

我们站的高度必须高于读者，才能让读者在我们的文章里有所启发，有

所收获。

02 精读＋泛读

所谓精读，就是一字一句，认真品读。所谓泛读，就是先了解书的大概结构与框架，看目录、前言与推荐语。

我们读书的时候，可以先泛读，对这本书有个大致的了解，包括作者简介，书的创作背景，别人的推荐语。

然后开始精读。从第一页开始，逐字逐句地读。每天读 30～50 页，一个星期就能读一本书。

坚持下去，一年就能读几十本书。长此以往，写作就有了源源不断的输入。

我们读书的时候，一定要专注，不要目的性太强，不要觉得，我读了这本书，一定要背诵某个段落，一定要上升一个格局，一定要写出多么优秀的文章。

功利性太强，反而影响读书的效果。

做任何事情，都要专注。专注于当下所做的事情本身。享受读书的乐趣，与书里的人物对话，打开自己的心扉，让文字滋养我们的灵魂。

在潜移默化中，那些文字就会与我们的思维、我们的记忆融为一体。

全身心投入地大量读书，当我们写作的时候，就会有源源不断的灵感从笔尖、键盘流淌而出。

03 一边读，一边做笔记

好记性不如烂笔头。

为了加强大脑的记忆，可以写摘抄。遇到那些特别惊艳的句子，可以写在笔记本上，也可以摘录到自己的素材库里。

摘录时要备注好该句子和段落出自哪个作家的哪本书，方便以后写文章时引用，或者启发自己的写作灵感。

如果担心一边读书一边摘抄影响阅读速度，可以先读完今天的页数，在读的过程中，用笔标注出自己喜欢的部分。等读完了，再开始摘抄。如此，就像又读了一遍书。

04 读完之后，再回头看摘抄笔记

一本书读完以后，可以打开自己的摘抄笔记，看看那些经典的段落和语句。

仔细品味，看看它们好在哪里，对比它们的用词方法和结构，试着仿写，锻炼自己的语言表达能力。

05 写读后感

读过书以后，也可以尝试写书评和读后感。一般来说，读后感更加随意，类似随笔，写自己读书以后的感悟和心得，算是一种复盘。

书评是文艺评论的一种，写书评需要忠于原书内容，同时可以提出自己的想法。

当然，读完一本书后，也可以写这本书的解读。解读不需要面面俱到，从书中提炼出最核心的思想作为文章的主题，然后围绕主题展开。

我之前写过的《〈瓦尔登湖〉：人生的三重境界》《苏东坡：在最低的境遇，活出最高的境界》，这两篇文章都属于名著解读。从书中提炼观点，表达自己的所思所想、所感所悟。

06 用碎片化时间读优秀文章

有的朋友可能平时太忙，没有时间看书。那么就可以用碎片化时间阅读优秀文章。

遇到自己喜欢的句子，就复制下来，收藏起来，写文章的时候可以引用，但一定要注明出处。

当没有东西可写的时候，也可以将之前收藏的文章翻出来看看，也许会激发自己的写作灵感。

07 尝试听书

相对于读书，听书更加自由方便。对于上班族来说，上下班路上可以听书，在家休息的时候也可以一边听书一边做自己的事情。只要是碎片化的时间，都可以随时随地听书。

现在的听书平台有很多，选择适合自己的就可以。听书的时候，可以听自己喜欢的领域，也可以尝试一下自己之前没有接触过的领域，扩充自己的知识面。

08 其他输入方式

除了读书、听书，还有很多种输入方式，如看新闻、看微博、看综艺、追电视剧，都可以提炼素材。

我之前看《知否知否应是绿肥红瘦》，根据剧情写了几篇情感美文；追《甄嬛传》，又写出了几篇人物稿和情感文。

之前我们群里有位文友，她在头条号上，专门写热点人物和热播电视剧。有一年春节晚会，作为明星的佟丽娅第一次担任央视晚会主持人。她就很敏锐地抓住了这个热点，写出了一篇关于佟丽娅的人物稿。这篇文章特别火爆，阅读量200多万，单篇文章收益5000多元，而且后来的阅读量和流量收益也一直在上涨。

增加输入的方式有很多，我们可以在写作中找到适合自己的方式。

最后再分享一下《百家讲坛》赵玉平老师讲到的曾国藩的读书四法,大家可以借鉴和学习。

● 挖井法

锁定一本书,深入钻研,反复阅读,这种方法称为"挖井法"。

读书就像挖井,你挖 200 口井,每口井 1 米深,挖得再多也挖不到水。如果你只挖两口井,每口井 100 米深,这个时候挖出水来,不仅自己可以喝,还能分享给别人喝。所以挖井法告诉我们,读书的时候要专注,心无旁骛地选一类深入,学以致用。

不要一次性读很多书,不要定过多的目标,兴趣太广泛可能导致自己无法深入学习。锁定一个目标,持续精进,更容易有所收获。

● 炖肉法

炖肉的时候,我们可以观察一下,一般都是先大火烧开,再用文火慢炖。读书就像炖肉,刚开始要凭借一股热情,把手里的书通读一遍,搭建框架,建立概念,了解结构。然后,在接下来的时间里慢慢品味细节。

● 登山法

读生书如少年登山,要一鼓作气登上顶峰。

买一本不太熟悉的书,比如一本心理学的书、博弈论的书,现在你有热情和兴趣,一定要咬紧牙关,不要停、不要断,用几天的时间把它先读完。

很多人读书,刚开始很新鲜,很有热情,如果不借助这股热情先把书读一遍,就很容易束之高阁。等再想起来的时候,书上已经落满了尘埃。

● 摘果法

读熟书,如园中摘果,仔细寻找,点滴发现。

有生书就有熟书,读熟书有什么方法?如《论语》《大学》《孟子》《中庸》等书,我们读了那么多遍,应该怎么读呢?读一本熟悉的书,就好比在一个大果园里找苹果、桃子、叶底开花、枝下藏果,要一点一点地找。通过这种不断的探索和寻找,我们可以有持续的收获和进步。

读熟书,就是要结合自己的实际情况,每次读,都会有不同的感悟。

学会读书,高效读书。知行合一,坚持每天学习,每天进步一点点。

写作时间:做好时间管理,高效写作

很多写作者都是利用业余时间来写作的,一边有自己的生活与工作,一边坚持读书与写作。工作可以为我们在尘世谋得安身之所,写作可以让我们在一片喧嚣中安顿灵魂。

平衡好自己的工作、生活与写作,就需要我们做好自己的时间管理。

怎样才能做好时间管理,高效写作呢?有4个建议分享给大家。

◆ 第一个建议:早起写作

如果你是一个上班族,白天大部分的时间都要上班,那么,业余写作,只能通过早起或晚睡实现。

有的人是晨起型的,那么可以选择早起写作。早起写作,要比平时提前起床1~2个小时,既可以充分利用时间,也不影响正常的工作。

作家村上春树的作息极其规律,每天晚上9点休息,凌晨4点起床,写作5~6个小时,每天坚持写4000字左右,确保自己稳定产出。

畅销书作家李筱懿从2014年开始,每天凌晨4:45就起床写作。从2014年至今,她笔耕不辍,写出了《灵魂有香气的女子》《美女都是狠角色》《先谋生,再谋爱》《在时光中盛开的女子》《情商是什么》《气场哪里来》等多部作品。

她说:"我做这些也不是自律,就是喜欢。每天2500字,一年90万字,

一本书是 12 万字左右，其实积累起来对我不难。除了生病，我应该没有休息过，我不是天才型选手，所以我要保持写作的状态，一起床，就写。"

不要小看每天早起的 2 个小时，哪怕你每天只写几百字，一年下来，也有几十万字了。

还有童话大王郑渊洁，也是每天早起写作，写出了一部部经典的童话故事，经久不衰。

对于早起写作者来说，首先要做到的就是早睡。只有早睡第二天才能早起。无论多忙，也不能压缩睡眠的时间。睡眠不足，会影响自己的身体、情绪，还有生活与工作。

早起写作有如下优势。

第一，早起的时间是可以自由掌控的，是真正属于自己的，不受外界干扰。不会有人约你吃饭、逛街，不会有人给你打电话，你可以全身心地投入写作。

第二，早起写作，完全不影响正常的生活和工作，况且大脑经过一个晚上的休息和调整，是清醒的，没有任何精神损耗，精力也是充沛的，《成为作家》一书的作者多萝西娅·布兰德就强烈推荐大家早起写作。

第三，早起写作，可以提升写作效率，放松心情。既然每天都要写作，那么早上起来，就把一天的写作任务完成，内心就会特别轻松，不用一整天都考虑什么时候写，写什么。早起打开文档，开始写作，这本身就是一种很高效的行为。

当然，对于早起写作来说，也要做好时间管理。

第一是要做到每天固定时间写作。根据个人情况，固定一个时间，比如 5 点或 6 点，形成生物钟，然后每天都会在这个时间点醒来，并且很快能够进入写作的状态。

第二是要专注写作。早起之后，重心就是写作。可以洗洗脸，刷刷牙，喝口水。除此之外什么琐事都不要做，不看手机短信，不看新闻，不刷朋友圈，不接打电话，安安静静地写作。

我们现代人对手机特别依赖，拿起手机，一旦开始刷朋友圈，看娱乐新闻，时间就会在不知不觉中流逝。等你回过神来，可能一个多小时已经过去了。写作，需要专注，唯有集中精神，才能更加高效。

第三是不要影响正常的生活和工作。对于自由职业者来说，可以完全自由支配时间，但是大部分写作者都是一边写作，一边还要上班。还有些写作者是全职宝妈，虽然不用上班，但要照顾孩子。

我们不能因为早起写作，而影响到生活和工作。需要上班的写作者，最好在早起写作时，设置一个停笔的时间点。到了这个时间，无论我们写得多入神，都要停下，可以先把灵感记录下来，然后，收拾一下去上班。可以趁着工作闲暇的时间继续完善，或者可以等到第二天早上，接着写作。

对于全职宝妈来说，时间不完全可控。只能利用宝宝还在睡觉的时间来写作，要善于寻找时间空隙。

● 第二个建议：下午写作

我个人比较喜欢下午写作。泡上一杯茶，茶可以让我清心，静心。再听一些舒缓的轻音乐，让整个身心放松下来。

给自己设定一个时间，比如3—4点为写作时间。那么，这个时间点不做任何事情，只是静静地写作。到了设定好的时间点，不管有没有写完，都停下来，休息一下，看看窗外的风景，活动活动身体。

如果文章没有写完，那么休息半个小时之后，可以继续写。文章写好之后，第二天修改完善。

这个方法比较适合自由职业者，时间可以完全自由支配，但也需要足够自律，排除任何干扰，专注地投入写作；不管有没有灵感，都要开始写作；哪怕写得不好，也要坚持完成当天的写作任务。

● 第三个建议：晚上写作

如果你不喜欢早起，下午又没有时间，那么，就只能选择晚上写作了。

我之前就属于典型的晚睡晚起。所以，写作的前三年，我基本都是晚上熬夜写作，当时觉得晚上写作灵感特别多。

晚上等宝宝睡觉了之后，自己赶紧爬起来，打开文档，写文章。

但其实，晚上写作比早起写作面临的挑战更大一些。

比如有时候晚上要聚餐，或者上班太累，回到家就不想写了；也有时候晚上写得很投入，大脑特别兴奋，即使写完了，也很难入睡。久而久之，就会影响自己的睡眠。

因为长期的熬夜写作，我的身体开始出现一些问题：眼睛酸涩，白天不能见到强光，否则就会流泪；身体抵抗力也下降，经常生病。

在医生的建议下，我下定决心，从写作第四年开始，调整了自己的作息和写作时间，不再熬夜写作。

那么，对于只能在晚上写作的朋友们，结合我自己的写作经历，给大家提一些建议：

设定写作字数。比如每天写 500 字，或者 1000 字，写完后，不管写得好不好，都要准时睡觉，第二天再继续修改。

设定写作时间。比如每天晚上 9—11 点不闲聊，不看手机和电视，专注写作。

设置弹性。凡事皆有例外，尤其是晚上写作，允许出现例外的情况，特殊情况下，可以不用写作。减少内耗，不必因为无法写作而产生自责情绪。

尽量不要熬夜。熬夜太晚，会严重影响到第二天的精力。时间久了，也会影响身体健康。

晚上写作的朋友，第二天中午可以适当午休，补充一下睡眠。休息不好，不仅会影响生活和工作，也会降低写作效率。

◆ 第四个建议：每天设定写作计划

每天设定写作计划，这样的写作非常有弹性，比较适合自由职业者。因为工作和生活中不可控因素太多了。

我平时打理茶馆，带着宝宝，也要兼顾读书与写作，还开设了写作课，每天的情况都会有所不同。那么，就可以每天根据具体情况制订写作计划。

碎片化时间可以听书,或者浏览优秀的文章,可以摘抄美文美句、名人名言,也可以修改文章。

没有时间写文章的时候,可以构思文章,如果有了半个小时到一个小时的整段时间,只要没人打扰,就可以静下心来开始写作。

关于写作的时间管理,没有特定的模板,只能根据每个人不同的情况,制订属于自己的写作计划。

最好的时间管理,就是养成写作习惯,随时随地都可以写作,进入写作的状态。

第六节 写作习惯:养成良好习惯,轻松写作

写作,是一件需要日积月累的事情。就像学一门手艺或者艺术,需要长久地坚持。

想要更好地坚持写作,最好的方法就是让读书与写作成为习惯。

当写作成为习惯,就变得不再困难,自然而然就能坚持。

如何养成写作习惯呢?

01 学会捕捉灵感

很多写作者可能会问:写作到底要不要依赖灵感?有灵感了很容易能写出好文章;如果没有灵感,就没有办法写出好的文章。

作家莫言曾说:一部好的作品,必是被灵感之光笼罩着的作品。而一部平庸的作品,是缺少灵感的作品。我们祈求灵感来袭,就必须深入生活里去。我们希望灵感频频降临,就要多读书多看报。

当年莫言胆子特别小，夜晚不敢出门，白天也不敢一个人往庄稼地里钻。但文学给了他力量和胆量，为了寻找写作灵感，他曾半夜起身，去看辽阔的田野、茂盛的庄稼、浩瀚的天空和皎洁的月亮。

走出去，深入生活，让莫言的写作有了更多的灵感。

寻找灵感的方式有很多，重要的是找到适合自己的方式。灵感转瞬即逝，如何捕捉瞬间的灵感呢？

第一，随时记录。

很多作家都有随时记录的习惯。俄国作家果戈理曾说：一个作家，应该像画家一样，身上经常带着铅笔和纸张。

他无论走到哪里，都随身带着笔和本，听到什么传闻趣事，看到什么名言警句，或者有什么心得体会，都及时记录下来，甚至连请客吃饭看到有趣的菜单，也抄下来。这些都成为他写作的素材。

对于我们来说，不必随身携带笔和纸，只要有一部手机，随时随地都可以记录灵感。

多萝西娅·布兰德在《成为作家》一书中这样写道：职业作家应该有多种写作设备：一台标准的电脑，一部手机，几套好用的笔和本——最好风格一致。这会让你在任何房间任何闲暇时分或者在旅途中，都能够方便地写作。你还可以把一个未完成的作品放在某个可以同步的 App 里，从每个设备都能接着写。

万事万物，只要触动你的内心，都可以成为写作的素材。那些你听到的故事，看到的风景，比如一朵花的凋落，一片叶子的生长，还有你此时此刻的心境，都可以记录下来，发在朋友圈或其他社交平台。

发出来之后，与读者互动。可能有时候读者的点赞会给你带来鼓励，读者的评论，又会刺激你产生新的灵感。

长期坚持，慢慢培养自己的敏感心，捕捉生活中那些不易察觉的感动。

当然，在记录的过程中，越详细越好。细节越饱满，文字就越生动。

第二，细腻观察。

生活中,哪一处风景、哪一瞬间触动了你?

一个好的作家,一定要善于观察。作家契诃夫说:"作家务必要把自己锻炼成一个目光敏锐永不罢休的观察家……要把自己锻炼到让观察变成习惯,仿佛变成第二个天性。"

作家也是一名观察家,要让观察成为习惯和天性。

作家福楼拜说:"要有足够的时间和足够的注意力来观察自己想要表达的东西,并从中发现鲜为人知的现象。一切事物中都包含着未知的东西,它们之所以未被发现,是因为我们总是习惯于用前人对某一事物的固有见解来观察这些事物。再微小的事物也会包含未知的东西。把它们找出来吧!"

他举例说:"如果想描写一团正在燃烧的火焰,或是原野上的一棵树,就要面对着这团火焰或这棵树仔细观察,直到它们在我们眼中与任何其他的树或火焰不一样才行。"

作家的观察一定要是独一无二的,既要看到别人没看到的东西,又必须要用自己的语言描述出来。

福楼拜曾要求自己的学生莫泊桑到街上细心观察人物,然后将每个人物的姿态、外表和性格,用画家的手法描写出来。

正是这样坚持不懈的观察和练笔,给莫泊桑的写作打下了坚实的基础,直到后来成为世界级的短篇小说家。

托尔斯泰认为散文是莫泊桑最优秀的作品。的确,除了小说,莫泊桑的散文也写得特别好,尤其是细节的描写,我们举例来感受一下。

早晨,这条山脉的轮廓被蓝天清晰而正确地衬托出来,天蓝得柔和纯净,有点发紫,非常悦目,是南方海滨再好不过的蓝天。到了傍晚,山坡上的树林变得阴沉沉、黑压压的,给如火如荼、红得惊心夺目的天空镶上了一条黑边。我在任何地方也没有见过这种日落的仙景,这种燃烧整个天边的烽火,这种火山爆发似的彩霞……

这时,太阳发出了灿烂的光辉,好像洪水一般淹没了整个大地,照得远处的房屋墙壁闪闪发亮,看起来像是纷纷飘落的雪片;在海面上,阳光铺下了一层淡蓝色的亮漆。

这两段话出自莫泊桑的散文《水上》。

我们平时的写作中，不管是写小说，还是散文或美文，都要注重深入观察，写出来的文字才会更有感染力。

比如我的文章《浅秋，落字为安，淡暖清欢》，有一些景物描写就是在细腻的观察中产生的。分享出来，大家可以感受一下。

浅秋的风，还藏着几分夏末的余温。一行白云，被风拂成一首诗的模样。

秋日的暖阳，也多了一份柔情。丝丝缕缕的光线，像极了古琴上的弦，被簌簌清风，轻轻地弹着。

岸边的垂柳，似是风姿绰约的女子，摇摆着，舞动着，惊扰了谁的一帘幽梦？

池塘里的莲叶，慢慢由绿转成橙黄，橙红。黄的像是绵柔的锦缎，只一眼，便温柔了眼眸。红的像是鲜艳的花色，夺目而灿烂。

只有睡莲，不改初衷，一直温柔地绽放着。从暮春到盛夏，又到浅秋。它不慌不忙地开着，开出清雅的风骨，开出绝尘的幽香。

莲，朝开而暮合，如同生命的轮回，独自蓬勃，独自落寞。又像朝圣者的叩拜，双手合十，内心虔诚。

天高云淡，山长水远。凉风为引，幽香为渡。

蘸一滴清露，写下清幽的诗行，轻叩那段慢慢老去的光阴。

初秋的午后，我来到小区的池塘边散步，看着池塘里的莲叶慢慢褪去了夏日里的葱绿，垂柳随风摇摆，一片暖阳透过叶子间的缝隙铺洒在水面上。这样的画面，宁静而唯美。当时我就拿出手机在备忘录里写下了这段文字。等晚上有时间了又把文字扩充成一篇抒情美文。

第三，深入思考。

任何文体的写作都离不开深刻的思考，没有思考，文章就缺乏灵魂。

索甲仁波切的《西藏生死书》对于死亡的描写特别深刻，这样的深刻一方面来自对生活的观察，另一方面来自对生活细致入微的思考，对人生无常的深切感受，对生死深入骨髓的禅悟。

只有善于思考，写出来的文章才会深刻，才会有见地，才能写出真正有深度、有灵魂的好文章。

生活中的某件事情，某句话，触动了我们的内心，都可以发散思维，透过现象看本质，由表及里，由此及彼。写文章的时候，可以遵从"是什么—为什么—怎么做"的逻辑来思考分析。

我们用文章《沉默，是一种极致的境界》来举例。

沉默，是一种极致的境界

内心强大的人，都懂得适时的沉默。

沉默，是一种境界。没有历经世事的人，不会懂得沉默。心浮气躁的人，无法学会沉默。

沉默，是人生某个阶段必经的状态。安安静静，沉默不语。

只有静下来的时候，心窗才能打开，阳光才能照耀进来，月色才能流淌进来，花香才能萦绕进来。

如此，生命才会有丰盈与厚重。

一个人的情绪到了尽头，是沉默

越来越喜欢沉默。

不是不说，而是有时候沉默更有力量。每个人都有自己的难处，也有自己的委屈。

有些话本来是想说的，可是等到说的时候，却又说不出口了，不如不说。

有些话似乎说了也没有用，说给不懂的人听，反而显得自己无趣。

所以，慢慢学会了沉默。

有些人，无所谓好坏，只是立场不同。立场不同，态度也不一样。

有些事，无所谓计较不计较，只是选择了放下。放下，才能继续前行。

任何时候，都没有必要为了不值得的人、不值得的事而伤心费神。

马东说："一个人的情绪到了尽头，便是沉默。"

沉默，是一种无声的呐喊。那些委屈并不会因为不说就削减半分，它们就像黄昏里的残阳，悄无声息地隐没在山岚深处。

有的事情，并没有对错之分，只是每个人的立场不同，想法不同，看问题的角度也有所不同，真的无法强融。

经历得多了，就会明白，沉默是一种隐忍的克制，也是一种无须声张的智慧。

真正的成熟，是懂得沉默

沉默，是成熟者的通行证。很难想象，一个成熟的人，会大喊大叫，会喋喋不休。

真正成熟的人，会懂得藏锋敛锐，懂得保持沉默。

高山沉默不语，自有巍峨；大海沉默不语，自有浩瀚；雄鹰沉默不语，自会振翅翱翔。

成熟，不需要说太多，只是默默做好自己该做的事情。不说，不是害怕，不是软弱，更不是逃避，而是用另一种更加温和的方式解决问题。

人与人之间，不可避免地出现各种各样的矛盾，矛盾也不是用争吵和暴力就能解决的。这个时候，往后退一步，保持沉默，更能避免矛盾的升级与恶化。

退一步，海阔天空。退一步，风平浪静。

沉默，是无言的笙歌。它是孤独者的慰藉，总在有月亮的晚上，默默低吟浅唱。

人，是要有一些孤意的。偶尔，远离喧嚣的人群，给自己独处的空间。

走出去，对一朵花微笑，与一片叶言语，和一缕清风缠绵。一草一木，一花一叶，总是比繁杂的人事更容易让人静心。唯有静下心来，才能与自己好好相处。

沉默，是"举杯邀明月，对影成三人"的孤独；沉默，也是"孤舟蓑笠翁，独钓寒江雪"的千古绝唱。

沉默，是一种深远的境界

沉默，是一道唯美的风景。生活中，已经有太多的嘈杂，沉默便是最美的姿态。

一个人安安静静的时候，总是最迷人的。安静地读一本书，不言不语，所有的心动，都融化在低眉浅笑里。

安静地喝一杯茶，不必高谈阔论，也不必去管俗世里的是是非非。只是静下来，用心地品味这杯茶。活在当下，静享美好时光。

安静地发一发呆，什么都不用说，什么都不用做，就只是倚在窗前，眺望远方，放空所有的情感与思绪。沉默，是把自己还给自己，把深情糅进岁月。

沉默，是一种极致的境界。

古语云："智者先思而后言，愚者先言而后思。"智者往往深藏不露，低调内敛。相比别人的夸夸其谈，他们更善于思考，更懂得倾听。

在沉默中沉淀自己，通晓世事；在沉默中蓄积力量，厚积薄发。

沉默，不是故作清高，而是一种淡定与优雅。

无须多言，留一份沉默给自己，不吵不闹，不喧哗，不忧不惧，不悲伤。用一颗坦荡从容的心，勇敢地面对世事沧桑。

做一个沉默的人，在安静中提升自我，在释怀中坦然前行。

当时写"沉默"这个主题，其实是因为那段时间自己被人误解，受了委屈又没办法解释，只能保持沉默。

由此，我就想到能不能把"沉默"写成一篇文章？于是开始确定主题，构建文章框架，落笔行文，写出了这篇文章。

02 找到天赋文体

基本上每个喜欢读书、喜欢写作的人,都有一些写作的天赋。之所以有的人觉得自己没有,要么是没有被挖掘出来,要么是没有找到适合自己的文体、适合自己的平台。

如何找到自己的天赋文体呢?最重要的一个标准是看自己写哪一类文章最轻松,读者反馈也很好。那么,基本上这类文体就属于自己的天赋文体。

比如对我来说,之前尝试过各种文体,但后来我发现写美文最开心,也最容易出成绩。

到现在,我写出来的 10 万 + 爆文全都是美文,出版的前两本书也是美文相关。

写作需要认清自己,扬长避短。如果选择自己不擅长的文体和领域,只能是事倍功半。只有找到自己最擅长的文体和领域,持之以恒地坚持写作,才能写出优秀的作品。

03 养成写作习惯,刻意练习

对于成熟的写作者和专业的作家来说,写作不能只依赖灵感,最重要的是养成写作习惯,刻意练习。

美国作家安德斯·艾利克森在《刻意练习》这本书里,提出这样一个理念:杰出并非一种天赋,而是一种人人都可以学习的技巧,成为杰出人物的关键,在于刻意练习。

刻意练习有三个特点:第一是具备明确的目标;第二是一定要专注,全情投入;第三是努力走出舒适区。每次练习都要跟上次有所不同,每次练习都要有所反馈。

对于写作者来说,最好的习惯就是每天坚持写,具体可参考如下方法。

第一,坚持每天练笔。哪怕只是发个朋友圈,不管写了多少字,重要的是,保持随时写作的状态。

第二，最好在固定时间写作。每个人根据自己的情况，选择一个比较安静的时间段，或者自己相对灵感比较多的时间段。比如，有的人晚上灵感多，那就安排在晚上写作，作家路遥、张爱玲都喜欢晚上写作（但不要熬夜太晚，否则会影响第二天的生活与工作）。有的人喜欢早起，那就早起写作，童话大王郑渊洁喜欢早起写作，一年365天，每天坚持。还有的人，习惯下午写作，那就下午一边听轻音乐，一边写文章，都是可以的。根据自己的实际情况来安排就好，适合自己的就是最好的。

第三，可以自由写作。当写作无从开始的时候，打开文档，随便写写。先写个题目，或者一句话，慢慢展开，马上开始写。也许写着写着就找到了感觉，就有了灵感，那么继续写。如果写到最后，也没有什么灵感，那么不必勉强自己，把这篇文章当作练笔，当作写作状态的过渡。

第四，集中精神，专注去写。写作是需要一心一意去做的事情，处于嘈杂的环境或是同时干着别的事情，是不可能写好的。写作同样需要一个安静的环境。

关掉手机，关掉电视，清理掉书桌上无用的东西，清除与写作无关的一切杂念，现在就是写作的时间。把自己放进一个安静的空间，在没有任何打扰的情况下进入写作状态。

第五，认真修改。文章写完之后先不要公开发表，也不要发给别人看。第二天自己打开重新看看，认真修改。修改那些错误的词语、句子，还有标点符号。一句句、一段段地修改，把无关主题的通通都删掉。一个短句比一段冗长的废话更具说服力，精巧的语言比直白的表述更受欢迎。

好的写作习惯，是坚持写作的基础。让我们一起养成良好的写作习惯，坚持写作，精进写作！

第七节 写作自律：自律，让写作更自由

《少有人走的路》（斯科特·派克，2007）里有句话说：解决人生问题的首要方案，乃是自律。缺少了这一环，你不可能解决任何麻烦和困难。

写作也是如此。唯有自律，才能真正坚持写作，才能让写作变得轻松而自由。

严歌苓就是一位非常自律的作家，对她来说，写作与生活已经完全融为一体，自律已经变成习惯。

她每天写作6小时，每隔一天就要运动1小时。长期的自律，让她的作品优质而高产。

她两个月就能写出一本小说，然后不断修改，直至完善。《芳华》《金陵十三钗》《妈阁是座城》……严歌苓的作品多次被搬上大荧幕。

记者采访作家严歌苓："你为什么能写那么多本书？"严歌苓回答："我当过兵，对自己是有纪律要求的，当你懂得自律，写作就会变得十分简单。"

自律，可以让写作变得更加简单，更加自由。

01 热爱，调动内在的激情

自律的意义，是促使你约束自己，收敛和更改毫无节制的放纵，凭借强大的意志力与坚持，去制定一套属于自己的做事原则，去建立稳定、规律的节奏和秩序。只有这样，一个人才能获得真正的自由。

写作的自律，首先是来自内心的热爱。没有热爱，写作很难长久坚持下去。

我最早开始写作，也是因为喜欢感受写作的心流。我曾在2017年写过一篇文章《爱上写作》，里面有段话是这样写的：

爱上写作，便是爱上了这种表达方式。这种表达无关声音，没有听众，

却是无声胜有声的文字的情感表达。默默写作，慢慢表达，静心享受，寂然欢喜。

在文字的世界里，可以随心所欲地表达悲欢离合。你写或者不写，它都在那里，岿然不动，自在欣喜。

这其实也是我当时内心的一种真实写照。心怀这份热爱与赤诚，我开启了自己的写作之路，一直坚持到现在，并且我愿意继续写下去，写上一辈子。

开设写作课的过程中，我也发现，真正能够坚持写作的人，都对写作怀有一份不容亵渎的热爱。就是这样的一腔孤勇，陪伴我们一直写，坚持写。

02 学会目标分解，提升信心

除了内心的热爱，想要坚持写作，还需要学会分解目标。

每一个喜欢写作的人，都有自己的写作目标，有的人是想变现，把写作当作副业来运营；有的人把写作当作兴趣爱好，抒发自己的情绪，丰盈自己的精神生活；有的人想成为"大V"或者作家。

不管哪种目标，都有其存在的合理性。我们需要做的是，学会分解目标，把一个大目标分解成多个可以实现的小目标，一步一步实现。

很多写作者一直盯着远大目标，短期内无法实现，就会变得很迷茫，焦虑，甚至有的人怀疑自己，放弃自己。

那么，试着从一个小目标做起。我刚开始写作的时候，给自己定的目标是每天写出一篇文章，不要求太高的质量，只要能写出来就可以。写作半年之后，这个目标已经可以轻松实现。

接下来的小目标是提升文章质量，每周写出两篇文章，尝试投稿。如果文章能够顺利过稿，我就很开心。

坚持一年之后，我的文章不断上稿各大公众号，后来成功签约知名美文公众号，成为签约作者。

成为签约作者之后，我希望自己的文风能够不断突破，希望自己的文章能够走上更大的平台，于是我一边读书，一边拆解优秀的文章，同时不断打磨自己的文章。

一年之后，我的文章不断被千万级大号《洞见》《十点读书》转载，篇篇都是 10 万 + 的阅读量。还有多篇文章被《人民日报》和《新华社》的公众号转载。

被大号转载是一种高度的认可，我的自信心也进一步提升。慢慢地，我的目标变大了。我想要出书，进一步提升自己的影响力。

如今，这些小目标一个个都实现了，我变得越来越自信，越来越从容，越来越明媚，我喜欢这样的自己。

后来，我开设了写作课，陪伴大家一起写作，一起在写作中，邂逅更好的自己。

这便是分解目标的好处，它可以让我们脚踏实地、一步一个脚印地向前走。

每一个小目标的达成，都可以极大地提升我们的信心，让我们的写作更有动力。

我们写作课的学员晚风，加入课程比较晚，但是我能感受到她内心对于写作的热爱。刚开始学习写作的时候，看到群里其他小伙伴不断上稿，她有点着急，有点焦虑。

后来，我和她一对一沟通，帮她明确自己的写作阶段，定位自己的写作方向和目标，她每周都会写出来一篇文章发给我点评辅导。从文章的主题到结构，从开头到结尾，从逻辑到语言……从各个方面点评，帮她指出问题所在，然后不断突破。

两个月之后，她的文章已经开始上稿公众号，成为平台签约作者。

她说，她之前从来没有想过自己的文章也能过稿，成为签约作者。而这一切，都在她的努力之下变成了现实。

每一个小目标的实现，都可以帮助我们提升信心，让我们在写作之路上走得更稳，更长远。

03 时间精细化管理,摆脱拖延症

自律,也要学会时间管理。把时间细化,哪个时间段写作,写多久,都可以给自己做一个简单的规划。

我刚开始写作的时候,喜欢晚上熬夜写作,那个时候还带着宝宝,我一般都是把宝宝哄睡之后,自己再洗漱。晚上 10—11 点,一切都安静下来,我开始进入写作状态。

后来,宝宝上幼儿园,我也开始调整自己的作息,把写作时间调整到上午 10—12 点。

现在的我,随时随地都可以写作。因为 6 年的坚持写作,我的时间管理已经形成习惯。

每天,只要有 2 个小时的安静时间,我都可以坐在茶台边,一边喝茶,一边写作。

细化时间的好处在于,我们可以提前给自己设置写作时间,到了这个时间点,就不要再安排别的事情,全身心地投入写作。

学会精细化管理自己的时间,这是摆脱拖延症的第一个方法。

摆脱拖延症的第二个方法,可以尝试给自己设置截稿日期。有了截稿日期,你就会有一种紧迫感。每当我想偷懒的时候,就会给自己设定截稿日期,比如两天之内写出初稿,再用两天时间打磨文章。有了时间的限制,就不会把稿子遥遥无期地拖延下去。

摆脱拖延症的第三个方法,是给自己设定小目标。这个方法我们写作群里的很多伙伴都在用。有学员曾说,每周写出一篇文章已经养成习惯了,就像吃饭喝水一样,如果哪一周没有写文章,自己就会感到不安,浑身不自在。当自己的文章写好之后,认真打磨,投稿过稿之后,又特别开心,特别放松。

好的习惯一旦养成,写作就会变得非常自然。

04 外在奖励，激发写作热情

写作一段时间，如果没有外在的奖励，写作者就很容易懈怠。

外在的奖励，包括精神奖励和物质奖励。精神奖励包括读者的喜欢，平台编辑的认可，写作老师的鼓励，还有文章突破 10 万 + 的阅读量，被更多的平台转载……写作上每一次小小的进步对自己来说都是精神鼓励。

物质奖励，主要是指写作变现带给自己的奖励。写作变现包括稿费变现、流量变现、带货变现、广告变现和个人影响力变现等。

物质奖励可以给自己带来收益，也可以增加自己写作的动力。

在我遇到写作瓶颈期的时候，支撑我一直坚持下来的，除了内心的热爱，就是这份外在的奖励。

每当看到自己的文章被读者点赞打赏的时候，每当看到自己的文章被大号转载的时候，每当收到稿费的时候……我的内心就又充满了力量。

05 外力监督，让他律为自律助力

如果前面几种方法，都无法让你养成写作的习惯，无法让你足够自律，那么，也可以尝试一下外力监督。

外力监督，就是借助外部的力量，督促自己写作。可以加入某个写作社群，也可以和几个喜欢写作的朋友组建一个写作群，大家相互监督，彼此赋能。

写作初期，我加入了一个免费的写作群，群主是热爱写作的一个姑娘，也喜欢写散文和美文，于是邀请了几个同样喜欢散文和美文的写作者，大家在群里相互交流，彼此鼓励。

但过了写作初期，我对写作的要求进一步提高，于是开始付费加入一些写作群，后来我又参加了奔流文学院作家研修班，向优秀的作家老师学习，连接更多的圈子和人脉。

加入写作社群，可以让我们与同频的写作者一起交流经验，也可以得到更多的资源。

后来,我开设了写作课,陪伴大家一起坚持写作。在群里,我们每周一节写作课,分享各种写作理念、写作"干货",打通写作思维,养成写作习惯,同时会不定期地分享投稿信息,对接各种投稿和出版资源。

很多学员也在我们的写作课里不断地突破,上稿、签约、出书……一步步实现自己的梦想。

外力监督最大的优势,就是可以借助他律,为自律助力。

对于长期写作的写作者来说,自律应该成为一种习惯。调动内心的热爱,学会分解目标,时间精细化管理,把外在奖励和外力监督结合起来,可以让写作更加自律,让写作更加自由!

第八节 创意写作:提升创新能力

对于很多初学者和卡在瓶颈期的写作者来说,会出现绞尽脑汁也写不出来文章的情况。那么,除了增加大量输入,调整写作心态,还可以尝试一下创意写作法。

创意写作法,就是发挥想象力,自由自在地写作,开发自己的发散性思维。

下面就给大家介绍 8 种创意写作法。

第一种方法:自由写作,我手写我心。

自由写作,是一种随心所欲创作的方式,也是国外写作课程里经常用到的写作练习方法。主要目的是训练和开发写作者的创作力和想象力。

有一些初学者,虽然很喜欢写作,也很想好好去写,但是无法突破自己的心理障碍,不敢动笔。那么,自由写作法,可以帮助新手写作者克服写作恐惧,开启写作之路。

不必在意别人的评价,不必考虑自己写得好不好,不用担心会不会过稿。

什么都不去想，屏蔽掉所有的消极情绪，直接动笔开始写。想到什么就写什么，想到哪里就写到哪里。

自由写作，可以让写作者慢慢爱上写作。当你写内心真实感受的时候，写完了会特别轻松，特别自在。

有很多作家进入写作瓶颈期时，也会采用自由写作的方法。

这个时候的自由写作，需要忘记所有的写作方法和技巧，突破写作的条条框框，遵从自己的内心，畅快淋漓地去写。

具体来说，可以这样来做：

写作之前，给自己定一个时间，比如1个小时。

手机设置为静音，关上房门，排除周围环境的干扰，打开文档，开始写。把自己想写的内容快速地、心无旁骛地写下来，不要担心错别字和错误的标点符号，不要往回看，不要修改，不要删除，只是去写，快速去写，在设置的时间内，坚持去写。

写到不知道该写什么的时候，就深挖内心深处的想法，很多灵感也会在这时慢慢涌现出来。

你要信任你的笔、你的心，大胆地写下来。你会发现，你写出来的文字有时候会惊艳你自己。

这种写法完全忠于自己的内心，打通内在的心流，完全释放自己的写作状态。当一篇文章写完，自己的内心会特别满足。

第二种方法：关键词创作法。

关键词创作法，就是围绕一个关键词来创作，充分开发自己的思维和想象力。

比如，我有一篇文章《最美的清秋，风轻云淡》。写这篇文章的时候，我的脑海里只有4个字：风轻云淡。这篇文章的灵感就来自这个词。

初秋的某一天下午，我走在林荫路上，浅秋的风，轻轻地拂在脸上，那种感觉特别美好。当时脑海里就闪现出这4个字：风轻云淡。我深深地喜欢上这种感觉，回到家就开始围绕这4个字来写。

喜欢秋天，喜欢的便是那种云淡风轻的感觉。

淡淡的一抹蓝，是天空的底色。浅浅的一团白，是云朵的本色。

风，从山川田野间悄然而来。像是一件舒服的没有一丝褶皱的棉麻衣服，包裹着你的每一寸肌肤。

轻轻地，不带一丝痕迹，偷偷爬上你的额间，落在眉梢。眉间，化开了一季的清凉与欢喜。

开头就直接引入关键词，也是文章的主题。然后展开去写，就是一篇不错的抒情美文。

第三种方法：阅读触发灵感。

有时候，实在不知道写什么，越想越痛苦，那么，就停下来，读读书吧。一方面，增加自己的输入；另一方面，读书也可以触发我们新的灵感。

可能书中的某句话触动了你，你就有了写作的灵感和欲望，这个时候就可以开始直接写。

比如我的一篇文章《塬上，生命的原乡》，就是读了王剑冰老师的《塬上》写的一篇读后感。

第四种方法：人物写作法。

写作的时候，也可以尝试写一下自己感兴趣的或者喜欢的人物。

比如，我比较喜欢作家张爱玲，还有大文豪苏东坡，就会收集他们的人物资料，提炼我想要表达的思想和情感，然后落笔行文。

写张爱玲，我从情感角度来写，写她的才华，她的孤独，她的情感经历。

写苏东坡，我重点写他的人生经历，还有他的思想境界。文章《苏东坡：在最低的境遇，活出最高的境界》，写的就是他的精神内核，在那个克己复礼的年代里，他活出了最精彩的模样。

第五种方法：歌词或者图片联想法。

有时候，特别喜欢某首歌，有人会单曲循环一直听，听着听着，就有了写作的灵感。

比如文章《半生风雪，吹落深秋霜月》，就是连着听了好几遍《半生雪》

这首歌,有了写作思路就赶紧动笔写。写深秋的风物,写我自己的所思所感。

图片联想法也是一样的道理。比如我看到马远的那幅《寒江独钓图》,就写出了一篇标题为《留白》的哲理美文。

第六种方法:走出去,多参加活动。

自从加入省作家协会之后,我就积极参加作协的各种文学活动,一方面可以接触到资深的作家老师,向他们取经学习;另一方面,也可以让自己走出去,接受新的事物,接触新的圈子,触发新的灵感。

参加奔流文学院作家研修班之后,我对于文学,对于写作,有了新的认知与感悟。学习还没结束,我就把自己当时的学习感受记录下来,发在朋友圈。然后又挤出晚上休息的时间,进行扩充,写出了3000多字的学习心得。

这篇文章也让我结识到了更多喜欢文学的朋友。

第七种方法:具体事物写作法。

一年四季,有很多风物可以写。

春天可以写桃花、春风和春雨,写春天的明媚与希望;夏天可以写荷花、茉莉、蔷薇,写夏天的热烈与蓬勃;秋天可以写枯荷、落叶、桂花、枫叶、菊花,写秋天的素简与萧瑟;冬天可以写梅花、白雪、归人与过客、故乡与离愁,写一年的总结,写内心的期待。

每一种风物,或者某个季节特有的节日、节气,都可以去写。

不过,我们下笔的时候,一定要注意,笔下的风物一定要符合这个季节的特点。

我们在写之前,可以搜一下这个风物的特点,写作的时候,主题一定要围绕这个特点而展开,不能凭空想象。

第八种方法:围绕自己身边的人和事来写。

如果以上的几种方法还不足以让你动笔去写,那么就从自己身边的人和事写起吧。挖掘身边的素材,当作是一种记录,也许写着写着就写出好的主题。或者,当这篇随笔写完之后,内心豁然开朗,又有了新的写作思路和灵感。

我偶尔也会尝试这种写作方法。写好之后会公开发表在简书、今日头条和个人公众号，当作日常练笔。

有时候自己以为只是随便写写的文章，反而更容易引起读者的共鸣。我想，可能这样的文章虽然没有太多的构思与文采，但是更加真实，更加忠于自己的内心。

不管哪种写作方式，都有其优势。我们可以选择适合自己的方式，保持写作的状态，一直写，永不止息。

第九节 写作建议：给写作者的10条建议

写作，没有捷径，最好的方法就是开始写，坚持写。

但是，写作过程中，我们可以进行总结，一些好的方法和经验可以让我们的写作事半功倍。

坚持写作6年，我总结出了10条建议分享给写作的朋友们。

01 大量优质的输入

做好阅读积累，永远是王道。

阅读优秀的作品，是提升写作能力最立竿见影的方法。如果你不读更多的好作品，你就不知道如何写出更好的作品。

优秀的作家都是从阅读别人的佳作开始，培养自己的语感，同时学习别人的写作方法和技巧。读得多了，自己的语感越来越好，词汇量越来越多，然后不断地坚持去写，写出自己的风格。

阅读的初期，可以从自己喜欢的书读起。唯有自己喜欢的，才能读得进去。过了初级阶段，读书的范围可以不断扩大，不必局限于自己的爱好，多读一些经典名著，或者一些有深度、有思想的书籍。

也可以根据自己写作的情况，有针对性地阅读。诗词类、"干货"类、心理学类、国学类、哲学类等书籍都可以阅读，丰富自己的知识体系。

写作可以倒逼读书，读书与写作相辅相成。

02 深挖自己，结识"牛人"

很多写作者开始写作时，都是围绕自己开始写的，这样的好处是我们可以很快地进入写作状态，写自己最熟悉的人和事，写起来更加轻松。

但除了深挖自己，我们还要主动走出去，参加一些活动，结识一些"牛人"，听听他们的故事。这些故事可以丰富我们的素材库，也可以让我们连接更多的人脉资源。

更重要的是，去做一些有挑战的事，突破自己的心理舒适区，你会发现，人生将会因此丰满很多。

我第一次有出书的想法，就是因为参加了一位文友的新书发布会，发布会的氛围非常吸引我。回来之后，我就有了出书的想法，后经文友推荐，对接出版社，实现了出书的梦想。

03 建立自己的素材库

每一个写作者都需要建立自己的素材库。日常生活中，收集素材应该成为一种习惯。

看到的名人名言，美文美句，都可以收藏起来。读到自己喜欢的文章，也可以收藏起来，反复品读，将喜欢的句子和段落摘抄下来。素材充足了，写作就会变得很轻松，很容易。

04 培养思考能力

思考能力是写作的核心能力之一。

我们读过的书,还有积累的素材,都要通过思考来转化成自己的文字。写文章之前,谋篇布局、确立题材、明确立意等,都需要思考。

如果不经过思考,随意写,就很容易偏离主题,或者立意不够深刻,无法引起共鸣。

05 不停地写

写作是门手艺,需要持续地刻意练习,虽然不一定每天都写几千上万字,但至少要写一两百字。

这样一方面可以养成写作的习惯,另一方面可以打通写作的思维。

学习写作和学习其他的学问道理是一样的,熟能生巧。全情投入地写,练得越多,你的写作水平就进步得越快。

06 写作需要专注

写作是需要全身心投入去做的事情,在嘈杂的环境中写作或是写作的同时干着别的事情,是很难写好的。

写作需要一个安静的环境,需要清除一切与写作无关的杂念,在规定的写作时间里,专注于当下,专注于自己的创作。集中精神,与写作融为一体。

07 专注一个自己热爱的领域

"闻道有先后,术业有专攻。"没有人是全才,但我们可以尽早确定自己喜欢并且擅长的领域，这也就是我们所说的"锁定天赋领域"。

怎么确定自己的天赋领域呢？

首先，是自己喜欢，写起来不痛苦。其次，要看自己擅长的领域在哪里，看看哪一类文章读者反应和阅读量比较好。

自己喜欢的，加上读者也喜欢，基本就可以确定自己的天赋领域了。确立之后，就开始持续深耕。

最后，你会发现，无论你怎样追热点，模仿别人，出成绩的文章还是来自你自己最熟悉、最热爱的领域。

08 在固定时间写作

每天找一个没有任何人、任何事情打扰的时间段，作为写作时间，并且让写作成为习惯。

无论你是做什么工作的，把写作当作每天必须完成的任务。

09 模仿与创新

莫言在获得诺贝尔文学奖后，接受央视节目采访，谈到了他关于写作的一些感受："关于早期作品，都是模仿之作。当然模仿得比较高明，不是一字一句抄的，而是模仿人家作品的那种氛围、那种语言、那种感受、那种节奏。"

其实这就是写作的开始，模仿高质量文学作品的模式和亮点，以及叙述方式与风格。

写作初期，可以模仿名家，但这并不意味着你要跟他们写得一样。一味模仿，就失去了创造力和新鲜感。

即便是同样的写作对象，每个人写出来的感觉都是不一样的。学习别人的方法，但也需要把自己的情感和想法融进去，写出自己的文风和特点。

10 建立自己的反馈系统

你写得好不好,哪里好,哪里不好,有多少人看,有多少人喜欢,喜欢到什么程度,等等,这都是反馈。只有建立一个完整的反馈系统,你才能根据反馈不断提升自己的写作能力。

所以,我们写出来的文章一定要公开发布出来,看读者的反馈。也可以请有经验的老师和编辑读一读自己的文章,给自己一些意见,更容易发现问题。

才华敌不过训练,阅历敌不过思索,写作跟人生总是在互相抄袭。先写够 30 万字再说其他。所以,如果真的热爱,就努力坚持下去。

每个人的成功都不可复制,我们能做的就是保持一颗平常心,忠于自己的写作节奏,踏踏实实地坚持写下去,我相信人生没有白写的字,你写过的每一个字都是在积累,也是在给未来铺路,当量变累积到一定的程度,带来的必然是质变。

每个阶段都有每个阶段的红利,而能收获红利的,都是有积累、有作品的人。

安心打磨你的内容,等待机缘巧合时的开花结果。

第四章

内容为王

不同文体的写作技法

第一节 散文写作：散文的特点、分类及写作方法

很多写作者开始写作时，都会从散文写起。最主要的原因，就是散文的包容性特别强，形式也比较自由，写起来更容易上手。

每个人的生活都是独一无二的，正因为这份独特，让我们写出来的文字，有了不可复制的个性特点。生活中的喜怒哀乐，经历过，感知过，就可以用文字来诉说、记录和交流。

散文为写作者的自由表达提供了一个舞台，但是想要写好散文，也需要一定的文字基础。接下来，我们就来简单说说，散文的特点和分类，以及怎样写出文笔优美的散文。

01 散文的特点

散文是一种常见的文学体裁。它取材广泛，艺术表现形式丰富多样，比如我们平时写的日记、随笔、心情感受、读书感悟……都可以归属到散文的范畴。散文一般篇幅不长，情文并茂。

散文的特点有三个：形散神不散、意境美和语言美。三个特点，我们一个一个来说。

"形散神不散"是散文最明显的特征。"形散"是指它的题材广泛、写法多样、结构自由、不拘一格。"神不散"主要是从散文的主题方面来说的，即散文所要表达的主题必须明确而集中，无论散文的内容多么广泛，表现手

法多么灵活，都是为了更好地表达主题。所以，我们平时写散文的时候一定要注意，内容和形式上可以天马行空，但主题一定要明确。

"意境美"简单来说，就是可以借助各种写作手法，营造出各种意境，可以融情于景、寄情于事、寓情于物、托物言志，表达出真情实感。

散文除了要有独特的见解、优美的意境，还需文采斐然。散文的行文如涓涓流水，叮咚有声，娓娓道来，情真意切，力求写景如在眼前，写情动人心扉。

举个例子，作家迟子建的文章《暮色中的炊烟》开头，她是这样写的：

炊烟是房屋升起的云朵，是劈柴化成的幽魂。它们经过了火光的历练，又钻过了一段漆黑的烟道后，一旦从烟囱中脱颖而出，就带着股超凡脱俗的气质，宁静、纯洁、轻盈、缥缈。无云的天气中，它们就是空中的云朵；而有云的日子，它们就是云的长裙下飘逸着的流苏。

这段文字不仅语言美，意境也很美。作者把炊烟比作云朵、幽魂，又通过一系列的动词，写出了炊烟的宁静与灵动、纯洁与缥缈，表达了作者对于炊烟、对于故乡挥之不去的情感。

02 散文的分类

根据不同的表达方式和内容，散文可以分为三大类：记叙性散文、抒情性散文和议论性散文。

记叙性散文：指以记叙人物、事件、景物为主的散文。记叙性散文的六要素：时间、地点、人物、起因、经过和结果。记叙性散文的5种表达方式：叙述、描写、议论、抒情及说明。5种表达方式相互独立，又相互融合。

这类散文不需要太曲折的故事情节，但叙述的时候一定要有感情。

作家朱自清的《背影》就属于记叙性散文。这篇文章的写作背景是，在1917年，作者的祖母去世，父亲徐州烟酒公卖局局长的差事也交卸了。办完丧事，父子同回到南京，父亲送作者到浦口火车站，照料他上车，并替他买橘子。父亲买橘子时在月台攀上爬下时的背影，深深印刻在作者"晶莹的泪光"中。

1925 年，作者写下了此文。

吴晗在《他们走到了它的反面——朱自清颂》一文中说：《背影》虽然只有一千五百字，却历久传诵，有感人至深的力量，这篇短文被选为中学国文教材，在中学生心目中，"朱自清"三个字已经和《背影》成为不可分割的一体了。

抒情性散文：富有情感是所有散文的共同特征，但与其他散文相比，抒情性散文情感更强，想象力更丰富，语言更具诗意。

抒情性散文注重表现作者的思想和感受，或直抒胸臆，或触景生情，或融情于景，洋溢着浓浓的诗情画意和情感表达。它虽然也有对具体事物的记叙和描绘，但通常没有贯穿全篇的情节，只是对某个过程或细节加以描写。

抒情性散文的抒情方式主要有两种：直接抒情和间接抒情。

直接抒情一般是以第一人称"我"为抒情主体，直接抒发作者感情。它是作者在记叙某件事情，或者描写某个人物时，在感情达到一定程度时，直截了当地抒发内心的感情，也称为"直抒胸臆"。

直接抒情有两个明显的特点：一是表达方式上不借助外物，而是思想感情的直接宣泄，是真实感情的直接袒露；二是情感抒发上不讲究含蓄委婉，具有极强的感染力和爆发性。

下面举个直接抒情的例子。

生命中，总有一些遇见，一眼万年。

有些心动，一旦开始，便覆水难收；有些感情，一旦陷入，便海枯石烂。有些缘分，一旦交织，便在劫难逃。初见，惊鸿一瞥是你，南柯一梦亦是你。你是我梦里的始料未及，醒来别来无恙还是你。

我喜欢你，像风走了八千里，不问归期。我喜欢你，像云漂泊九万里，不曾歇息。我喜欢你，像心口的朱砂痣，充满期许。

以第一人称"我"来直接抒发感情，用生动的词语，形象的语言，来表达"我喜欢你"的情感主题，非常有感染力。

与直接抒情相比，间接抒情相对含蓄，常把感情融于形象之中，借物抒情。

比如可以借助具体的人、事、物、景，使抽象的主观感情形象化。

间接抒情具有含蓄隽永、余味无穷的效果。它的特点是需要依靠媒介，表达方式含蓄委婉，耐人咀嚼，引人联想。

下面举个间接抒情的例子。

朱自清的《春》：

盼望着，盼望着，东风来了，春天的脚步近了。一切都像刚睡醒的样子，欣欣然张开了眼。山朗润起来了，水涨起来了，太阳的脸红起来了。小草偷偷地从土地里钻出来，嫩嫩的，绿绿的。园子里，田野里，瞧去，一大片一大片满是的。坐着，躺着，打两个滚，踢几脚球，赛几趟跑，捉几回迷藏。

通过对山、水、小草的描写，来表达作者对春天的喜爱和赞颂。

两种抒情方式各有特点。直接抒情像一阵疾风骤雨，爆发力强，让读者瞬间就能感受到作者的情感。间接抒情比较柔和、含蓄，就像温柔的月色或静谧的湖水，需要读者慢慢品味。

在平时的写作中，两种抒情方式既可以单独使用，也可以同时使用。

议论性散文：主要指以发表议论为主的散文。用"散文"的笔法"议论"，具有抒情性、形象性和哲理性等特点，它给读者一种富于理性的感觉。既有生动的形象，又有严密的逻辑；既要以情动人，又要以理服人。

这类文体，有论据，有论点，当然，也要有点睛之笔的金句，以升华主题。

下面举例来感受一下。

桀骜不驯的李白把人生看作一场漂泊，沸腾的血液使他不能在任何一个地方安住，他永远行走在自己设置的轨道上，不为周遭的一切所牵绊，包括富贵功名——尽管他也曾十分向往功名利禄；而淡泊名利的诗人陶渊明则毅然拒绝了朝廷上的钩心斗角，远离喧嚣，归隐田园，过着"采菊东篱下，悠然见南山"的清闲生活；范仲淹选择了"先天下之忧而忧，后天下之乐而乐"的人生态度，辛弃疾选择了时刻准备着为国捐躯、上阵杀敌的人生道路——虽然直到双鬓斑白他仍壮志难酬。无论最终他们是否实现了自己的理想，只要在人生的道路上做出选择，就应该义无反顾地走下去。

简单总结一下。

记叙性散文：侧重于叙述，对人或事的叙述和描绘较为具体，主要在于表达作者的某种情感或者阐述某个道理。

抒情性散文：情感要细腻，写作要大胆，调动读者情绪，可以尝试多种修辞手法，引起共鸣。

议论性散文：有观点、三观正。在论述过程中，可以举例说明，写自己的生活事例和感悟，也可以引用名人名言、心理学概念、哲学理论，来增强文章说服力。但是，引用要适度，过犹不及。

03 散文的文学性

文学性其实是很难用语言来表达的，它体现的是文字的风度和气韵。它或许是一种静寂之美，或许是一种沧桑之美，或许是一种恬静之美，还有可能是一种生活质朴之美。

例如，白落梅的散文，就有一种淡然超脱之美。既诗意唯美，又禅意空灵。这种独特的语言风格，属于个人的特色，是一个很好的标签。在阅读这样的文章时，你会跟随作者的文字，去感受她内心世界的丰饶。

又如，林清玄的散文往往可以由此及彼，由表及里，正如他曾说过文章要"向内探索，向外追寻"。他的散文创作通常起源于平常之物，在优化文字的同时，意蕴会得到系统的展现，使读者在阅读过程中产生怦然心动的感受。

再如，王剑冰的散文，读起来有一种厚重的文化底蕴，读者会惊讶于他优美的文笔、渊博的学识。这是他个人特有的文字魅力。

我读王剑冰的《塬上》，真的是有一种爱不释手的感觉。具象的细节描写，饱含着他内心深沉真挚的情感，浓浓的文化气息扑面而来。字里行间都表达着一位文人对于文字的敬畏，对于传统文化的探寻。

王国维说过："境非独谓景物也。喜怒哀乐，亦人心中之一境界。"这里的"境",是一种"心境"。 所以说,文学创作其实是用具象的东西来表现内心更深远的东西,没有深沉的内心感悟,一切文字都是空洞的。

一篇好的作品,必须包含作者的真挚感情,以及作者的思想火花。一篇好的文章,必然有丰富的细节。丰富的细节描写,能让文章的内容更加立体和生动。

只有认真观察,把细节描写到位,这篇文章才算饱满,才具有文学性;如果只有粗枝大叶的表达,这篇文章就会空洞无物,无法吸引他人。

04 散文的语言之美

语言是写好散文的基础,意境优美的语言并不能速成,只能在日复一日的写作中不断地锤炼,不断地打磨。

我们来简单分享一下语言的美感,希望能给大家一点启发。

◆ 语言的修辞之美

突出语言美的一种重要方式,就是熟练运用各种修辞。

我们经常用到的修辞手法有比喻、拟人、排比、通感等。比喻被称为修辞之王,在很多文笔优美的散文中都能读到很多经典的比喻。比喻又分明喻和暗喻,明喻更加直接,暗喻比较含蓄。

拟人也是运用比较多的修辞手法,我们在写景物时,可以把人的神态、情感融入写作对象中,使语言更加生动。

排比可以增加语言的气势。不管是写人、写景,还是写物,哪怕是抒发情感、表达观点,都可以用排比的修辞手法来加强语气,突出自己想要表达的内容。

通感就是在我们写作时,充分调动人的各种感官,将听觉、视觉、嗅觉、味觉和触觉等不同的感觉相互融合,使表达的意象更加生动,意境更加深远。

"尘埃飞舞成岁月的味道",这句话就是将视觉与嗅觉融合,又用隐喻把尘埃比喻成味道。这样的写法就非常新奇，让人耳目一新。

♦ 语言的诗意之美

在写文章的时候，可以适当地引用诗词或化用诗词，使语言更具诗意之美。

下面来看一段例文。

"一卉能令一室香，炎天犹觉玉肌凉。"等到暮色四合，花苞裂开，清雅的香气，也随着晚风流淌出来，透过纱窗，潜入屋里。

那轻轻晕染的花香，甜而悠扬，淡而持久。它的香，似有若无，缥缈出尘，总在不经意的时候，拢在鼻尖，盈满堂馨香。

这段文字便是直接引用诗句，突出茉莉花的香气。在写作中，除了直接引用，还可以间接地化用诗句，让文章读起来诗意盎然。

♦ 语言的深情之美

有些文章，没有特别华丽的辞藻，但是读起来深入人心，让人特别感动。这样的文章不需要太多的技巧，可以直抒胸臆，表达内心深处的情感。

下面举例感受一下。

于千万人之中，遇见你要遇见的人，于千万年之中，时间无涯的荒野里，没有早一步，也没有迟一步，遇上了也只能轻轻地说一句："哦，你也在这里吗？"见了他，她变得很低很低，低到尘埃里，但她心里是欢喜的，从尘埃里开出花来。

把情感融入语言，让文章读起来更能打动人心。

♦ 语言的意境之美

意境更多是一种感受，作者通过文字营造出的一种或唯美、或诗意、或深情的美感意境，进而抒发自己的情感，或者表达自己想要表达的道理。

营造意境之美，我们可以学习古诗词的一些写法。

下面举个例子。

曾经的芳华，渐渐远去。一季繁华，在清冷的深秋，枯萎了，残败了。

即便如此，它的梗，它的枝，它的叶，或卧或立，或折或碎，铺满整个荷塘，有一种别样的美丽。

那枝枝枯荷，似是唐诗宋词遗落的韵脚，是散落在岁月中的纸鸢，安安静静地，独立着，隐忍着，恍惚间忘却了前尘往事，也忘了今夕何夕。

那枯萎的莲蓬，像是饱经风霜的古瓷。没有亮眼的光泽，没有明艳的色彩，只有沉静如水的安然。它凌凌然独立寒秋，站成一抹傲然的风骨。

小小的莲子，褪去一身青绿，披上一身朴实无华的僧衣。它们，仿佛是潜心修道的僧人，安于莲蓬一隅，不问沧桑，与世隔绝。

这段文字，就通过对枯荷的诗意化描写，营造出独特的意境。

意境之美，是文章的灵魂，也是文章的魅力所在。

♦ 语言的哲理之美

语言的哲理之美不是单纯地说教，而是用富有哲理性的句子把自己的观点表达出来。

我们来看看这段话。

风华人间，岁月荏苒。花开了又谢，月圆了又缺。

行走于烟波浩渺的尘世，我们手执烟火以谋生，心怀诗意以谋爱。

谋生很辛苦，但有了热爱，一切就不一样了。人生苦短，一定要有些发自内心的兴趣爱好，才能抵挡岁月的荒凉。热爱，可以让生活变得生动有趣，也可以让生命变得美好丰盈。

比如读书、喝茶，比如养花、养宠物，比如旅行、探险。热爱，可以颐养身心，可抵岁月漫长。再多的艰难困苦，再多的诋毁嘲讽，都可以化干戈为玉帛，在悠长的岁月里熠熠生辉。

最后的最后，热爱的事情已经和时光完全融在一起，慢慢雕琢我们的容颜。

那些走过的路，读过的书，看过的风景，爱过的人，都在潜移默化中勾勒着我们的精神气质。

纵然人生也会有风雨、有苦痛，但我们依然可以在庸俗的人间烟火中，活出潇洒的坦荡，活出盎然的诗意。

表达哲理的句子，并不都是枯燥乏味的，也可以写得文采飞扬。

不管是哪种语言风格，都要符合文章的风格调性。一篇文章的情感基调可以是伤感的、平静的、深情的、热烈的、淡然的……在写文章的时候，语言风格要向文章的情感调性靠拢。

经常有人问我："怎样让自己的文章写得又美又有意境？如何写出文笔优美的散文？"

这需要一个长期的练习过程。平时多积累，有丰富的词汇量，同时要体验真实的生活，写出来的文字才会有真情实感。

多读多写也非常重要。多读经典，如名家散文或唐诗宋词，不一定要背下来，但坚持读一读，我们可以在优美的文字意境里，培养自己的语感。读书破万卷，下笔如有神。

不仅要读得多，还要多写，这样才能找到自己的文风和定位。

散文是最常见的文体，也是除了诗歌，语言和意境最优美的文体。想要写好散文，就要靠平常一点一滴的积累。多读书，多思考，多观察，用一颗敏感的心去看世界，去感悟生活。

写作，是表达情感的一种方式，如果你也有丰富的内心世界却不善言辞，那就可以用文字记录下心灵的历程。

有一天，我们的容颜会老去，但我们的文字可以和时光一起成长。

第二节　美文写作：避开写作雷区，打造爆款美文

01 美文概述

周作人最早从西方引入"美文"的概念，于1921年发表《美文》，提倡"记述的""艺术的"叙事抒情散文，"给新文学开辟出一块新土地"。

后来学者刘宝昌在《现代美文文体论》一文中总结出了美文的三个文体特征：美文的篇制是短小。现代美文传统就是短小、精致、凝练的艺术。美文的本质是审美性。审美性是美文的本质品格。审美性表现在诸多层面，是思想内容与语言形式双重的美。美文的精神是自由。美文无论是在形式层面上，还是在内容和精神层面上，都应该是自由的。

在文风特点上，美文其实也和散文一样，也有三个很明显的特点：形散神不散、意境美和语言美。相比于散文，美文更具有语言的美感、形式的美感、意境的美感，还有思想和情感的美感。

02 美文写作注意事项

第一，平时要注重语感的培养，通过大量阅读积累丰富的词汇量。可以多读一些诗词、名家散文或美文，喜欢的句子可以摘抄下来，反复揣摩。

第二，写美文的时候，可以适当引用和化用诗词。但需要注意的是，不能用太多，否则就会显得文章牵强附会。

第三，多种修辞手法并用，增加文章的美感。

第四，文字要有画面感，可以参考唐诗宋词的写作手法。

第五，最重要的一点就是文章要有真情实感，唯有真情，才能动人。有

一些美文，语言很美，但读完之后总觉得少点什么。如果只是一味地追求语言美，而忽略了情感和思想的表达，那么文章就像木头美人一样，空有皮囊，缺乏灵魂。

03 美文写作应该避开的 4 个雷区

第一，切忌华丽词语的堆砌。很多人会说，美文不就是文字美吗？文字美只是美文的表象，如果过于追求文字的华丽而忽视了情感的真实表达，就失去了美文的灵魂。一般来说，情感美文的落脚点是情感升华，以情动人；哲理美文的落脚点是观点表达，以理服人。

第二，行文缺乏逻辑。如果一篇美文前后内容断层严重，太散太乱，就是缺乏逻辑的表现。要解决这个问题，可以在写文章之前搭个简单的框架，以免内容跑得太偏；也可以在写完文章之后反复修改，使其前后连贯。

第三，语言重复、拖沓、累赘。美文的写作，语言要精准、凝练，不拖泥带水，这样读者读起来才会有一种行云流水的感觉。

第四，主题不鲜明。无论文章写得多美，如果没有主题，或者主题不突出，这样的文章就无法真正走进读者的内心。有的文章之所以平淡无奇，就是因为主题缺乏深度。写文章，重要的是要言之有物，有情感，有深度。

04 如何打造 10 万 + 爆文，让你的美文自带流量

记得我刚开始写作的时候，看到别人写出 10 万 + 甚至 100 万 + 的爆文，特别羡慕。有时也会想：什么时候我也能够写出 10 万 + 的爆文呢？而如今，坚持写作 6 年，我不断精进，不断突破自己，已经写出过几十篇 10 万 + 的爆文了。

有时候说起爆款文章，可能有的人会想起标题党、蹭流量、夺人眼球这样的字眼。诚然，目前来说，确实有一些自媒体文章徒有流量，故弄玄虚。但是，

不可否认，有的文章之所以能成为爆款文章，是因为有爆款文章的特质。

好的爆款文章，有内容，有价值，有看点，流量也只是顺便的事儿。当自己写出爆款文章的时候，一方面可以增加自己的信心，另一方面会获得很多签约机会，同时，可以增加流量，增加"粉丝"数量，有助于打造个人品牌。

抒情美文、情感美文、哲理美文、热点类、名著解读类、人物稿等不同风格、不同题材的文章，我都写出过 10 万+爆文。在写爆款文章时，可以从擅长的写作领域、鲜明的主题、有价值的素材、好的标题和凝练精准的语言 5 个方面入手。这些内容前文都有提及，此处做一个总结，加深读者记忆。

第一，写擅长的领域。写爆款文章时，最好先锁定自己擅长的写作领域。自媒体写作领域有很多，如职场、育儿、情感、励志等，任何一个领域都可以写出爆款文章。

第二，文章的主题要鲜明，突出。任何一篇文章都是有主题的，所谓主题，就是我们写这篇文章所要表达的中心思想。如果一篇文章没有主题，或者主题不突出，那么这篇文章就很难写得有深度。在定位主题时，也要尽可能地让读者觉得对自己有用，有价值。

第三，选择有价值的素材。好文章离不开合适的素材，素材也有很多种类，如名人事迹、历史人物故事、书中的故事、影视剧中的故事、作者自己的故事或身边朋友的故事等，都可以成为文章的素材。但并不是所有的素材都可以用到文章里面。我们写作的时候，需要选择那些有新意，同时与主题相关的素材。

当然，素材也可以选择当下的热点事件，这类素材比较有热度和话题度。

但是一直追热点，会比较累，而且热点具有时效性。偶尔尝试一下即可，不建议一直写。

第四，一篇爆款文章的形成，自然也少不了一个好的标题。好的标题是文章的门面，它直接决定着有多少读者愿意打开这篇文章阅读。关于美文取标题的方法，我们也专门有一个章节来详细讲解。在这里，再简单总结一下写爆款文章标题的几个小技巧：好奇心、蹭热点、价值和痛点。但要注意不能做标题党,标题要和文章内容相关。

好奇心,是激发读者阅读的兴趣;蹭热点,是与热点相关的内容;价值,是文章能够提供的信息增量;痛点,是读者最关心的问题。

第五,语言一定要精准、凝练,不拖沓,不啰唆,并且有观点,有感情,有金句。爆款美文,一定是题目、立意、主题、素材和语言完美结合的美文。

最后,分享一篇被很多大号转载的10万+美文。

一茶一书一知己,不负岁月不负卿

浮生若梦,几度春秋。也曾喜欢喧嚣,也曾留恋繁华。一路走来,经历了是非曲直,尝过了人情冷暖,生命渐渐归于宁静。

一个人静下来的时候,才恍然明白:人生在世,若是有一些真正的爱好来滋养岁月情深,那么,内心是纯粹而欢喜的。

有真正热爱的事情,生活会变得更加充实,生命会更富有层次感和幸福感,人生也会活得淡定而从容。

一茶,一书,一知己,聊慰此生。

喝茶读书,不问朝夕。诗书相伴,清茶一盏。

人生如茶,淡然以对

三毛曾说:"人生有如三道茶,第一道苦若生命,第二道甜似爱情,第三道淡若微风。"

人生如茶,尝过苦涩,才能品味回甘。万水千山的风景都看透,才会拥有淡泊的胸怀。

茶本质洁,是天地孕育的一片树叶。一盏茶,呼吸日月山川的灵秀,吐纳自然界的气韵万千。

茶,是包容的。一人独品,是清雅;二人对饮,是知己;多人成饮,亦可畅所欲言，相谈甚欢。

喝茶，喝的是一种心情，品的是一种境界。看得清，放下执念便是万般自在；看不透，一场梦了然无痕。

茶遇水是缘，人遇茶亦是缘。以一颗淡然的心，面对人生的起伏；以一颗无尘的心，还原生命的本真；以一颗感恩的心，珍惜生活中的所有。

人生如茶，淡然以对。沸水泡之，涤荡心田。香若兰芷，味醒醍醐。细细品之，淡而香冽，温而素雅，宁而醇绝……

泡一盏茶，与岁月共饮，品一份悠然与深情，与那个彼此怜惜的人，一起慢慢老去。

生命如书，优雅馨香

生命犹如一本厚重的书。

每个人的生命之书，都是自己一生的经历，或坎坷，或顺遂，或平凡，或幸福。酸甜苦辣也好，得失成败也罢，都是一种历练。

正是这些饱经风霜的阅历，才沉淀出博大精深的文化内涵。

读书，亦是在品读生命。在书中，可以感受"大漠孤烟直，长河落日圆"的壮美；可以体会"人情似纸张张薄，世事如棋局局新"的无常；亦可以领悟"人生如逆旅，我亦是行人"的生命真谛。

我喜欢在一个安静的午后，坐在临窗的书桌旁，泡上一盏茶，捧起一卷书。品着茶香，嗅着书香，让时光慢一点，再慢一点……

书，能让人清醒，亦会让人变得旷达。在茶香书韵中，把自己从千军万马的尘世里，拉回到一方静谧的天地。放下浮躁，享受一个人的浮世清欢。

沿着历史的长河，读唐诗，品宋词，唱元曲，万千风景，皆在书中。于书中，沾染一份"天生我材必有用，千金散尽还复来"的自信与豪迈，修得一份"行至水穷处，坐看云起时"的潇洒与淡泊。

读书是如此优雅的情调。于人生奔波忙碌间，读一卷书，灵魂与文字共舞。

一生知己，夫复何求

人生难得一知己，千古难觅一知音。

灵魂相似的人，有幸相逢，便是知己。知己之间，相互欣赏，彼此懂得。不需要太多言语，只一个眼神便是温暖相惜。也不一定形影不离，但不管距离多远，都心有灵犀。

知己之情，高于友情，却不是世俗中的爱情。真正的知己，是心与心的交付，是灵魂与灵魂的碰撞。

正如民国才女林徽因说的那样："只有心灵相通的人，才有共鸣看人世间的潮起潮落；只有灵魂相近的人，才能看到彼此内心深藏的美丽。"

人生的知己，无须太多，一个便已足够。真正的知己，从来不在拥挤的人海，而在心间。

没有花前月下，没有缠绵悱恻。只是在你最需要的时候，帮助你，温暖你，感动你。

每一句话，都是悉心的开导和鼓励，打开你内心的千千结。每一件事，都是真心的付出和支持，陪你前进，伴你成长。

知己，何需千言万语？因为彼此懂得，所以心怀感激。因为彼此眷恋，所以格外珍惜。

人生何求？一茶、一书、一知己，足矣。

一盏茶，饮尽红尘悲欢，淡定坦然。

一卷书，读透世间冷暖，优雅从容。

一知己，相知相惜莫相负，静守流年。

一茶一书一知己，一朝一暮一人生。

至善至美至清雅，不负岁月不负卿。

05 抒情美文写作：掌握抒情手法，以情动人

很多写美文的朋友，都是由抒情美文开始的。

什么是抒情美文？抒情美文就是抒发和表达个人感情的美文，"情动于中而形于言。"抒情，是文章打动读者、感染读者的重要表达方式。

抒情美文常用的抒情手法是直接抒情和间接抒情。

在抒情美文的写作中，间接抒情用得比较多。简单来说，就是通过描写某件事情、某个人物或者某处特定的景物，抒发自己的感情。

所以，写作中必须找好描写的对象。有了描写对象，抒情会更加具体、生动，具有感染力。

同时，需要注意以下几点。

第一，不可矫揉造作或无病呻吟。

第二，要有细腻的观察，让写作对象更加丰富。

第三，不要华丽辞藻的堆砌。

第四，要有真情实感的表达。

那么，我们通过拆解文章的方法，来说说如何写好抒情美文。

半夏花开颜如玉，陌上流年清欢许

季节深处，夏已过半。

半夏的时光，一半停留在岁月的枝头，草本葳蕤；一半轻轻入了流年，许下满目的清欢。

阳光穿过层层叠叠的树叶，落下一地斑驳的光影。绵绵不绝的绿意，像是从山谷乘着清风，一意孤行而来。

不必在意酷暑，也不必在意别人的眼光。走进花影扶疏，盛夏的光阴，如诗如画，有着太多的色彩。

我喜欢浩荡的绿色，也喜欢荼蘼的花事。我喜欢采摘枝头累累的果实，

也喜欢掬水月在手，荡漾一池的涟漪。

最让人静心的，便是季节留白处，那一朵朵含苞待放的茉莉。它没有牡丹的雍容华贵，没有玫瑰的浪漫深情，也没有百合的优雅大气。但它有一种清新脱俗的美。

小小的茉莉花苞，像散落尘世的白月光。星星点点的白，如雪落眉间，清凉了一季的暑热。

"一卉能令一室香，炎天犹觉玉肌凉。"等到暮色四合，花苞裂开，清雅的香气，也随着晚风流淌出来，透过纱窗，潜入屋里。

那轻轻晕染的花香，甜而悠扬，淡而持久。它的香，似有若无，缥缈出尘，总在不经意的时候，拢在鼻尖，盈满堂馨香。

夏日燥热，唯有这一份白，一抹香，坦坦荡荡。如玉一般温润，如雪一般无瑕，以清爽之姿，使这个季节更添美意。

红尘烟火，恰恰需要这样的一种白，开在尘烟深处，安静且清幽，素雅且怡人。

白，是静守一颗念念不忘的初心。

总有人喜欢繁花似锦，总有人马不停蹄地奔赴一场场热闹的盛宴。只是，有的人，走着走着就丢掉了初心，忘记了为什么出发，也忘记了来时的路。

唯有守住纤尘不染的初心，才能在风雨飘摇的尘世里，觅得一份安宁与从容。

白，是繁华三千终归朴素的淡雅。

朴素，是一种高级的审美。庄子说："朴素而天下莫能与之争美。"

人世间的美，大多来自朴素。一切的烦冗复杂，都在朴素中一一淡去。没有太多的牵绊，没有浮夸的张扬。不虚伪，不做作，不喧闹，只是静静地呈现事物最简单、最本真的美好。

白，亦是包容万物的慈悲，是凡尘烟火中，最美的风华。

一袭素白，盖过世间所有的尘埃。那么温柔，那么素净。

洁白的花色，恍如一瓣冰心，盈满身素华。花间有月影，松下有清风。

远山明净，心若菩提。

半夏花开颜如玉，陌上流年清欢许。安安静静，做这个季节的放牧人。慢品人间烟火，静赏花开花落。

夏已乘风，岁月轮回。生活，无须繁华，简单就好。人生，不必忧愁，尽力就好。

心无杂念，向美而行。于红尘中，养一颗素心，守一方静谧。认真地活着，优雅地老去。

如花香萦绕，亦素亦美。如白云跌落诗行，笑看岁月风尘，自在从容。

这篇美文，就属于比较典型的借物抒情美文。

题目比较富有诗意，既突出了季节（半夏），又表达了自己的情感（欢喜）。

开头，从季节引入，写半夏的酷暑和绿意。然后慢慢引出文章主要描写的对象：茉莉花。

写茉莉花的时候，重点写花的颜色"白"。因为白不仅是它素雅的颜色，还是作者想要表达的一种朴素的人生态度。

除了颜色，还有香气。在写香气的时候，用了一系列的动词：流淌—透过—潜入—拢—盈，让香气有了动感。动静结合，生动形象地写出了茉莉花香的特点。

最后，写出作者喜欢茉莉花的原因：红尘烟火，恰恰需要这样的一种白，开在尘烟深处，安静且清幽，素雅且怡人。这份白，是静守一颗念念不忘的初心，是繁华三千终归朴素的淡雅，亦是包容万物的慈悲，是凡尘烟火中，最美的风华。

如此，一篇优美的抒情美文就写出来了。

也许有人会问，还有其他的写法吗？当然还有，下面再来看一篇借景抒情美文。

落日黄昏晓，夕阳醉晚霞

我喜欢盛夏的黄昏。

夕阳渐渐西沉，橙黄色的光芒，穿过树林，在浓绿的叶子上，斑驳地跳跃着。伸出手，华光在握，描摹出温柔的轮廓。

天空是大片大片的蓝，蓝色的画布上，游离着朵朵白云，跟着清风的脚步，随处飘荡，四海为家。斜阳晚照，黄昏的光线变得柔和起来。它不像早晨的阳光那般明媚，也不似中午的阳光那么热烈。它有跌宕的旋律，有温婉的柔情，有迷蒙的暖意。一阵晚风吹来，带来山林深处的清凉。

远山如黛，暮色四合，倦鸟开始归巢，晚霞掩映凄凉。告别一天的繁忙，任多少硝烟滚滚，都临了风过无痕。时光里的风云变幻，也在这一刻，归了沧海桑田。

是的，我喜欢这样的黄昏，这样的夕阳。这样的美，有一种神秘的朦胧感。它是那般温柔地笼罩着天地，却又如此缥缈，不着痕迹。

晚霞，如梦幻般的光影，由橙黄变成橙红，再变成绯红，又变成淡淡的一抹黄。忽而，在低眉凝眸的瞬间，又彻底地消失了，无影无踪……

这仿佛是一种不真实的美感，我说不清它是怎样地存在过，却又深刻地感受到，它是如此惊艳我的眼眸，温润我的灵魂。

美好的东西，大抵都如此吧。当我们拥有的时候，不觉得有多么震撼，可是，当它一旦消失，那种怦然心动又怅然若失的感觉，开始弥漫整个身心。

恍惚间，竟不知，自己所沉迷的，究竟是一段老去的旧时光，还是即将开启的新梦境？落日余晖，总能轻易勾起心底的一帘相思。想起朋友圈有位女孩儿，在日落的黄昏，写下这样的一句话："恨不能把每一个想你的黄昏蘸了糖吃掉。"

第一次看到这句话，我便被绊住了。盯着这句话，看了许久，直到有一天，我独自一人，走在荒芜的林荫小路上，与夕阳默默对视，那份肃静，那份庄严，那份落寞，那份念想，直抵内心深处最柔软的地方。我鼻子一酸，竟无语凝噎。

是谁，在夕阳西下之时，贩卖相思？那相思，苦苦的，却被蘸了糖，让人朦胧了双眼。恨不能把蘸了糖的黄昏，一口口，全部吃掉。

吃到嘴巴里的，是甜甜的思念。流到胃里的，是浓浓的惆怅。黄昏终将落幕，谁是谁安宁的归宿？夕阳渐渐西下，谁与谁携手走天涯？

夕阳，好似看惯了人世间的悲欢离合，尝遍了肝肠寸断的相思苦楚，经历了山河岁月的波澜起伏。当最后的一抹余晖变得温凉，夕阳便毫不留情地滑入黑暗的夜色。

晚霞，像是偷偷喝了天台上的冰镇啤酒，拿着夕阳写给夏夜的情书，跌跌撞撞染红了半帘夜色。

时光微凉，那一场远去的往事，不会再回来；那一位游走的故人，也没有归期。

褪去俗世的沧桑浮华，看淡人生的聚聚散散。山河依旧安然无恙，草木依然青翠如初。

平凡的人间烟火，最是抚慰人心。曾经的地老天荒，也在一盏茶的等待里，变成淡淡的流年清欢。此去经年，良辰美景，暮暮朝朝，与岁月共饮。

落日黄昏晓，夕阳醉晚霞。门掩暮色，夜枕清风。心底，升腾起一股渔舟唱晚的静谧和温馨。

往后的时光，愿你鲜衣怒马，所遇皆良人。愿有人爱你入骨，深情不枉付。愿有人陪你立黄昏，有人问你粥可温；愿有人陪你赏烈焰繁花，有人陪你看日落烟霞。

这篇美文是借景抒情。通过对黄昏、晚霞的描写，来抒发作者的感受。

下面来拆解一下。

首先看标题：落日、黄昏、夕阳和晚霞，基本写出了所要描写的对象。一个"醉"字，又表达出了自己的情感。

开头直奔主题："我喜欢盛夏的黄昏。"接下来，通过色彩描写、动态描写，展现出一幅唯美的落日余晖图。

行文中，写了很多色彩："晚霞，如梦幻般的光影，由橙黄变成橙红，再变成绯红，又变成淡淡的一抹黄。忽而，在低眉凝眸的瞬间，又彻底地消失了，无影无踪……" 然后开始抒情："落日余晖，总能轻易勾起心底的一帘相思。想起朋友圈有位女孩儿，在日落的黄昏，写下这样的一句话：'恨不能把每一个想你的黄昏蘸了糖吃掉。'"

最后,是用美好的祝福收尾。

抒情美文,最重要的就是以情动人,也可以借助各种修辞手法增加文章的文采。

喜欢美文的朋友,也可以尝试着写一篇抒情美文。理论结合实践,才能真正有所得。

06 哲理美文写作:主题突出,层次分明,以理服人

哲理美文,是以阐述某一个观点和道理为主的美文。

一般用到的写作方式是举例论证和道理论证。举例论证就是通过事例来表达自己的观点。事例一般选择名人事例、影视剧中的人物事例,或者名著中的人物事例。

举例论证的两个标准:第一,要求事例新颖,别人都写过的,我们就不要写了,或者同一个事例,我们从不同的角度挖掘,写出自己的新意,让读者读了之后,有耳目一新的感觉;第二,事例和我们想要表达的观点之间有必然的联系,所选取的事例,要能直接或间接地表达我们的观点。

道理论证就是通过自己讲述道理来论证观点。道理论证重点就是要自圆其说,逻辑自恰。为了增加自己文章的说服力,可以适当引用名人名言、心理学观点、哲学观点等。

哲理美文写好了,特别受欢迎,容易引起读者的共鸣。

我有很多篇10万+的爆款美文都属于哲理美文。比如《人生最好的状态:既往不恋,当下不杂,未来不忧》和《愿所有美好,与你环环相扣》,这两篇哲理美文曾被《人民日报》公众号转载。

想写好哲理美文,需要注意以下几点。

第一,学会从生活中提炼主题。作为写作者,我们的文章主题要尽可能地传达一些正能量,从消极的事情里提炼出积极的主题,从悲观的情绪里寻

找希望和力量，从凉薄的人情中找出感动和温暖。

第二，结构清晰，层次分明。哲理美文经常用到两种结构形式：并列结构和递进结构。并列结构主要是指素材之间是并列关系，共同论证主题。递进结构主要是指主题在行文中逐渐深挖，升华。

也可以按照是什么、为什么、怎么做的逻辑来写。重点是要把观点说清楚，讲明白。

第三，结尾处，总结升华，引起读者共鸣。

下面来简单拆解一下这篇哲理美文。

人生最好的状态：既往不恋，当下不杂，未来不忧

人生路漫漫，道阻且长。这一生，会享受阳光的照拂，也会经历风雨的洗礼。会有不期而遇的温暖，也会有旦夕祸福的巨测。

有些路，终要自己一个人走，无论是平坦还是泥泞，都不能回头。有些苦，只能自己默默品尝，熬过去了，就成长了。

那些曾以为走不出来的困境，终会跨越，那些曾以为攀登不了的高峰，终会登顶；那些曾以为无法忘却的悲伤，终有一天会风轻云淡。

珍惜所有的陌路相逢，看淡所有的不欢而散。人生最好的态度便是：既往不恋，当下不杂，未来不忧。

学会放下，既往不恋

人生难得，是放下。若不放下，怎能继续前进？若无舍，怎有得？

放下名利，方得自在和从容。放下执着，方得坦然和洒脱。放下过往，才能拥抱现在和未来。

不纠结于过去，更不要拿过去的错误，来惩罚现在的自己。给时间以时间，让过去成为过去。

一代才女林徽因曾经说："人间许多情事其实只是时光撒下的谎言，而我们却愿意为一个谎言执迷不悔，甚至追忆一生。"

也许在我们每个人的内心深处，都曾有一些执念，或是功名利禄，或是成败得失，或是爱恨痴缠。执于一念，便会受困于一念；一念放下，便会心素如简，自在安宁。

"岁月是一场有去无回的旅行，好的坏的都是风景。"生活中有酸甜也有苦辣，人生路上有顺遂也有坎坷。不沉醉于往日的辉煌，也不沉溺于过往的忧伤。

既往不恋，才能不乱于心，不困于情，勇敢前行。

物来顺应，当下不杂

在万千繁华中，保持一颗宁静的心，不以物喜，不以己悲。不因外界的喧嚣而浮躁，不因别人的评判而动摇。

顺其自然，专注地活在当下，这是一种能力，也是一种境界。不杂，不乱，不惊，不扰，亦不惧。走好脚下的路，做好眼前的事，珍惜身边的人。

好好地活在当下，听一朵花开，看一溪云游，嗅一缕书香。安静地享受生活的每一寸美好，坦然地过好生命的每一个瞬间。

漫长的生命，是由每一个当下组成的。过好每一个当下，才能无愧于人生。活好现在，珍惜眼前。

一行禅师在《活在此时此刻》一书中这样写道：当我们深深地融入当下，全心全意地对待平静寻常的时刻，我们就可以触及过去与未来；当我们知道如何恰当地把握当下，我们就能治愈过去、改变现在。

以欢喜心过生活，以柔软心除挂碍，以清净心过好每一个当下。

处变不惊，静观花开花落。去留无意，淡看明月清风。

淡定坦然，未来不忧

未来总是美好的，因为它充满了希望。希望，有着穿透一切黑暗的力量，在内心深处，澎湃着，生长着……

成熟的人，心怀希望，但不过度幻想未来。未来充满了变数，你永远不知道，惊喜和意外哪个会先来。

有时候，你对人生所有完美的规划，抵不过一次突如其来的变故。但行好事，莫问前程。好也罢，坏也罢，一切都是最好的安排。

别对未来抱有太多不切实际的幻想，别对过去怀有太多放不下的牵挂，安安静静，踏踏实实地走好现在的路。

再坚持一下，再努力一点，不负自己，不负岁月。看清世间的风云变幻，看淡生活的人情冷暖，看透命运的生死无常。携一颗淡然的心，宁静致远，优雅从容。且将新火试新茶，诗酒趁年华。

坦然地活在当下，不沉浸于过去的喜乐悲伤，不被时下的纷扰所牵绊，也不为未知的将来而忧虑。

正如弘一法师的这首诗："过去事已过去了，未来不必预思量。只今便道即今句，梅子熟时栀子香。"

珍惜当下，珍惜此刻，珍惜生命里的每一次相逢。坦然地过好眼前的每一分每一秒，内心也会丰盈而平静，生活也会变得充实而有趣。

既往不恋，未来不忧，是一种心态。

物来顺应，当下不杂，是一种智慧。

做一个通透而豁达的人，既往不恋，当下不杂，未来不忧。如此，安好！

标题直接突出了文章的主题，从人生的过去、当下、未来三个不同时间段来写，既往不恋，当下不杂，未来不忧，共同服务于"人生最好的状态"这个大的主题。

这个主题是我从自己的生活中感悟而来。写这篇文章的时候，我的状态不是特别好，内耗比较严重，时不时地感到迷茫、焦虑。我就静下来反思自己，想把自己的感悟写下来。刚开始写的时候，内容比较消极，后来经过重新提炼主题，最终确定《人生最好的状态：既往不恋，当下不杂，未来不忧》

这个题目。

我们再来看这篇文章的三个分论点：学会放下，既往不恋；物来顺应，当下不杂；淡定坦然，未来不忧。

开头通过人生经历做切入点，引出主题："人生最好的态度便是：既往不恋，当下不杂，未来不忧。"

三个分论点分别代表了三个不同的阶段，层层递进，最后在结尾处总结升华。

多写写哲理美文，既可以锻炼文笔，也可以培养逻辑能力。

07 节气美文写作：把握节气的特点，写出节气之美

节气美文，顾名思义，就是用美文的方式来写二十四节气。

中国传统的二十四节气，是农耕文明的产物，具有悠久的文化内涵。既有丰富的人文主义精神，也是中华民族历史文化的重要组成部分。

当我们用美文的形式把二十四节气写出来，既有美感，又有文化底蕴。

那么，写节气美文需要注意哪些事项呢？

第一，写之前必须了解该节气的具体时间和特征。

第二，明确所写的主题，主题需要符合该节气独有的特点。

第三，收集相关诗词，历史上，有很多诗人都为各个节气写过诗词，写节气时可以适当引用和借鉴。

第四，确定标题，标题中可以直接带上该节气，同时突出主题。比如《白露：露从今夜白，秋风至此凉》《立夏：风暖人间草木香，一笺清浅入夏来》《大寒：寒冬岁暮听风雪，静待春来万物生》。

第五，行文结构要合理、严谨，不可堆砌辞藻，不可生搬硬套。我们写的每句话都要围绕主题展开，与主题无关的素材和语句都直接删去。

第六，写完以后，要反复检查。检查错别字、标点符号，检查语句不通顺的地方，及时修改。

下面就来拆解一篇10万+的节气美文。

立秋：云水长天收夏色，风起叶落秋意来

风吹一片叶，万物已惊秋。

须臾之间，光阴悄然而过。转眼，又是一年立秋。

立秋，是二十四节气中的第十三个节气，也是秋季的第一个节气，为秋季的起点。

《历书》曰："斗指西南维为立秋，阴意出地始杀万物，按秋训示，谷熟也。"

立秋后，阳气渐退，阴气渐生。万物荣华之际，季节偷偷换了容颜。揽一缕秋风入怀，撷一片秋叶静美。一年中，最美的浅秋，就这样款款而来。

至此，万物开始从热烈繁盛走向成熟素简。

01

窗外，聒噪的蝉鸣，起伏的热浪，似乎正在和这个夏天做最后的告别。

夏，轻轻地合上绿色的信笺。告别喧嚣，放下浮躁，在秋水长天的静谧里，与过去挥手作别。

岁月忽向晚，山河染秋色。秋，真的来了。一黛远山，一池秋水，一片枫叶，秋便有了韵致。

湛蓝的天空，辽远而深邃，干净得没有一丝褶皱。真想幻化成一只轻盈的鸟儿，挣脱尘世的樊笼和桎梏，飞入蓝天的怀抱，自由翱翔。

若是累了，便枕着一片云海，与天地一起酣眠。偶尔，一阵清风拂过，林间的叶子抖落一身尘埃，迎着清爽的秋风，翩翩起舞。

秋，没有春的萌动，没有夏的张扬，亦没有冬的清冷。

秋，是一首婉约的诗，"睡起秋声无觅处，满阶梧叶月明中"。秋，亦是一幅多彩的画，"碧云天，黄叶地，秋色连波，波上寒烟翠"。

走过春花灿烂，路过夏意葱茏，走进初秋的月明风清，清浅秀丽。

02

秋天该很好，倘若你在场。

这个时候的秋，还是浅浅的，淡淡的。空山新雨，夜枕清凉。秋风吹起一阵花香，秋雨洒落一地缠绵。

秋，是一个思念的季节。念，是思念，是怀念，是念念不忘，终有回想。

念你时，你是黄昏的晚霞，灿烂夺目；念你时，你是清晨的露珠，晶莹剔透；念你时，你是秋雨绵绵，空灵，幽静，又惆怅。念天边的明月，念远方的故人，念梦里的故乡，念老去的时光。

人这一生，会遇到很多有缘的人，也会遇到很多美妙的风景。用心去珍惜，才能不辜负所有的相逢。

捡一枚秋日的落叶，将深情的往事，镌刻于心。煮一壶经年的老茶，独坐窗前，等秋风吹散相思，在时光的年轮里，长出新的青苔。

一次转身，季节更迭，时光未老，秋意渐生。雨打残荷，惊扰了谁的相思，湿润了谁的眼眸？

这一季的秋色里，愿你念的人会来，你爱的人永不离开。愿你活得勇敢尽兴，爱得赤诚纯良。

03

一叶梧桐一报秋，稻花田里话丰收。秋，也是一个丰收的季节。

凉风细细，时光走笔。秋，送走了酷暑，迎来了清凉。染红了枫叶，压弯了稻谷。

一路慢慢地成长，一路删繁就简。相信，春的耕耘，夏的生长，一定会迎来秋的收获。

这一生，从鲜衣怒马，走到悲喜从容。于心中，修篱种菊。纵使花开花落，月影风移，也不染岁月风尘。时光里的那些遗憾，也会被秋风温柔化解。怀一颗从容的心，行走于四季流年，处处皆美好。

这是一个让人不忍辜负的时节。细碎的阳光，斑驳出时光的印痕。柔软的清风，吹拂着收获的希望。

那些曾经落寞的，失意的，难过的，思念的……都随着浅秋的一缕晚风，消散在云烟深处。

秋风偷恋花的香气，这个八月，想和你一起住在秋风里。不忧伤，不彷徨，不心急，不放弃。努力，坚强，向上，靠近阳光的方向，成为更好的自己。

立秋，是夏的结束，也是秋的开始。伴着秋日的第一缕阳光，心怀期待，努力向前。

等红叶绚烂，等白露成霜，等寒蝉凄切，等桂花香甜，等菊开向晚……
我们一起走向更深更美的秋色。不负韶华，不负春秋！

文章标题里面，一个"收"字，代表夏的结束；一个"来"字，标志着秋天的到来。

"云水长天收夏色，风起叶落秋意来"直接体现出立秋的特点。

开头用"风吹一片叶，万物已惊秋"来引出立秋的主题，然后写关于立秋简单的介绍。

文章的内容分了三个层次来写：第一部分是由夏的燥热写到山河秋色；第二部分由景入情，写秋天的思念；第三部分重点写秋的成熟，就像人生又到了成熟的阶段，删繁就简，一路从容。

结尾处，是美好的祝福和祝愿。

每个节气都有不同的特点，我们写作的时候，主题和侧重点也会有所不同。写之前，多多了解这个节气，提炼相应的主题，确定写作思路。

如果你喜欢传统的二十四节气，那么，从现在开始，找一个自己喜欢的节气，尝试着写一篇节气美文吧。

第三节 观点文写作：写出对读者有用的文章

自媒体时代，观点文也非常受欢迎，尤其是一些知名公众号，观点文的过稿率要高一些。

好的观点文，选题新颖，主题鲜明，框架结构清晰，有素材、有内容、有金句，非常容易引起读者共鸣。

有了一定的写作基础之后，对于想上稿自媒体大号的写作者来说，可以考虑一下写观点文。

观点文写作需要注意哪些方面呢？我总结了8条经验，分享给大家。

◆ 找一个好的选题

选题在某种程度上，直接决定了文章的过稿率。对于想投稿大号的写作者来说，要花更多的时间在选题上面。

选题的两个原则：一是与读者相关，让读者觉得对自己有帮助，能够引起读者共鸣；二是自己对这个选题有感触，能驾驭。

比较受大号欢迎的选题大致可分为以下三种类型。

人生哲理类：阐述人生哲理，给人以启发和思考。

人际关系类：围绕心态和行为，分析不同的人际关系，阐述观点。

情感共鸣类：不管是爱情、亲情还是友情，都是每个人离不开的话题。找到一个点，去扩散，去深挖，就很容易引起读者共鸣。

◆ 框架要搭建得够好

观点文常用的经典公式：故事 + 观点。

如果是两个故事，一般是一个正面一个反面，正面故事是好的结果，反面故事是差的结果，两个结果形成对比，论证主题。如果是三个故事，一般是同一类型不同领域的故事，通过故事的叠加来加强论证。

观点，可以引用名人名言，可以引用书中或者影视剧中的金句，也可以自己总结阐述，提升文章的深度。

观点文常用的文章框架是三段式结构，3个（有时是4个）小标题、3个"故事+观点"。

需要注意的是，3个小标题之间要有逻辑关系，主要分为并列关系和递进关系。

并列关系：属于同一个范畴内。例如，如果写说话方式的选题，可以写看破不说破，不随便评价别人，适时保持沉默等。

递进关系：小标题之间是层层递进的关系，由一推理出二，由二推理出三，最后总结归纳。写小标题的时候，不要太虚，要具体，要落地。

● **素材完整、新颖**

素材是填充框架的主要内容，搭建好框架，整理好结构，那么接下来就要填充素材。关于素材，需要注意三个方面。

第一，选择与主题吻合的故事，突出与主题相关的细节。与主题无关的部分，一概不写；与主题相关的内容，详细去写。

第二，选材要新颖，不要太旧，拒绝千篇一律。建议选择人文类、历史类的故事素材。

第三，素材要完全融入观点中，充分论证自己的观点。

● **标题让人眼前一亮**

标题是一篇文章的门面，在读者没有看到文章的时候，第一时间看到的是标题。好的标题，可以很好地提高文章的阅读量。

观点文标题大致有以下5种类型。

正反对比类型：如《自律和不自律之间，差的是一整个人生》。

以小见大类型：如《你的习惯，决定你的阶层》。

意义深刻类型：如《推倒思维的墙》。

相同句式类型：如《别爱太难，别睡太晚，别想太多》。

巧用关键词类型：如《成年人的世界，谁不是一边崩溃，一边自愈》。

♦ 语言非常重要

语言是文章的基础，好的语言可以为文章增彩添色。

观点文的语言要精准、凝练，不拖泥带水，不写多余的废话，能用一句话写明白的，就不要写两句话。

同时语言也要有文采，有可读性。可以巧妙使用一些对称句式，善于运用一些比喻、排比类的修辞，增加语言的表达力。

♦ 创作金句

文章要适当运用金句，提升文章的层次。

刚开始写作时，可以仿写金句。慢慢地，可以尝试着自己写金句，多写多练。

♦ 反复修改

写完之后，文章要不断地修改，打磨，比如注意"的、得、地"的用法："的"后面是名词，如"湛蓝的天空"；"地"后面是动词，如"她飞快地跑了"；"得"后面是副词，前面是形容词或动词，一般用在动词后面，后面的副词是补充，如"跑得喘不过气来"。

注意，过渡句、过渡段的使用，可以使文章结构更加严谨，逻辑更加清晰顺畅。

♦ 对标平台，刻意练习

刚开始尝试写观点文，要做好被拒稿的心理准备，给自己时间去摸索，去成长。

可以对标自己想要投稿的平台，拆解平台已经发表的文章，掌握平台风格和调性，写的时候更有针对性。

自媒体观点文的写作,是有方法有技巧的。一边写,一边总结,刻意练习,写得多了,就能越写越好。

我们来拆解一篇观点文《专注,是成年人最好的自律》,曾被《新华社》公众号转载。

专注,是成年人最好的自律

专注于当下,拒绝内耗

专注于当下,做好当下的事,不胡思乱想。

当一个人敢于直面生活中的难题,不计较过去的得失,也不担心未来的变数,清醒地活在当下的时候,他就拥有了重要的力量。

该吃饭时,就好好吃饭;该睡觉时,就安心睡觉;该工作时,就努力把它做好。

专注于每一个当下,足以摆脱内耗,治愈自己。

我看过一段话:"人生之路是不可逆的,任何人都不可能重新来过、重新选择。不管你多么虔诚地沉浸在对失去事物的惋惜与痛苦之中,也于事无补了。"

与其让自己沉浸在无法改变的过去,深陷无法预知的未来,不如好好活在当下。

能够决定未来的,只有当下的自己。专注于眼前的自己,才能掌控自己的人生。

不念过去,不畏将来,活好当下。如此,内心才能清澈明朗,不负此生。

专注于一件事,做到极致

专注地做一件事,胜过敷衍地做很多事。真正的高手,都是把一件事做到极致的人。

很多人缺乏的不是勇气和机会，而是持久的专注力。一个人把时间和精力花费在哪里，成就就会在哪里。

每个人的时间和精力都是有限的，专注于某个领域，充分发挥自己的潜能，持续深耕，才能有所作为。

在现实生活中，不管是哪个领域的高手，哪个行业的专家，都是非常专注的人，十年如一日地持续精进，进而才能成为这个领域的大师。

如果你想成为一名真正的高手，那么，不妨培养自己的专注力，专注于一事，脚踏实地，孜孜以求。

不求多，但求精；不求散，但求专。

静得下心，耐得住寂寞。沉得住气，守得住孤独。终有一天，你也会成为很厉害的人。

专注于经营自己，是最好的自律

一位作家写道："人生不过就是这样，追求成为一个更好的、更具有精神和灵气的自己。"

成年人最好的自律，就是专注于经营自己，提升自己，成为更好的自己。

在这个纷繁复杂的时代，我们更需要专注于自己，从自己的内心获取力量。不必拘泥于复杂的人际关系，不必羡慕别人的成就，把时间用在提升自己上面。

给自己时间，让自己去成长。当你处于困境时，与其奢求别人的帮助和同情，不如静下心来改变自己，精进自己。

很喜欢这句话："世间的人和事，来和去都有它的时间，我们只需要把自己修炼成最好的样子，然后静静地去等待就好了。"当自己发生了变化，周围的一切也会随之而改变。

专注，是一个人顶级的自律。

自己，才是一切的本源。

当一个人学会了专注，人生就有了更多的可能。

愿你在专注中自律，淡然处世，成就更好的自己。

刚开始想到这个主题，是我看了一本书，里面讲到专注的重要性。读完书，我印象最深刻的就是"专注"两个字。于是就开始构思这篇文章。

文章内容分为三个层次来写专注的不同方面，层层递进。文章里面既有引用的名人名言，也有自己创作的金句。既增加了文章的文采，也提升了文章的可读性。

第四节 人物稿写作：写出人物灵魂

一篇优秀的人物稿，要完美融合人物、故事、情感和观点。

人物稿的主题，重在表达人物的核心思想、价值观、人格魅力、精神境界、人物情感等内容。

很多人不知道从哪里开始写起，毕竟一个知名的人物，有太多事迹可以写。

一般来说，热门人物和经典人物总是值得写的。但写得最好的一定是你熟悉、喜欢的人。只有你喜欢、熟悉，才可能写得生动、立体。

初写者可以尝试一下写身边的人物，如自己的朋友、父母、同事，或者和自己关系好的文友。

文友之间，可以在微信上沟通、采访，用文字或者语音的形式交流，增加彼此之间的了解；也可以读一读文友的文章，增加进一步的了解。

这些了解，是我们写作之前的准备。

那么，当我们开始写人物稿时，需要注意哪些事项呢？

01 人物稿写作,最重要的特点是真实

人物稿的真实,是指你呈现的人物的个性必须真实可信。

不管是写历史人物,还是热点名人,或者是写我们身边的人物,都一定要真实。很多人物稿会引用本人说过的话,这样会吸引读者继续阅读;或者可以用一些场景化的描写,还原人物事件。

下面举个例子。

杨丽娟已经十多天没有换衣服了,也没洗过澡。她脱掉黑红色的皮鞋,坐在床沿上,低头抠着脚趾,努力想抠掉大脚趾上残留的红色指甲油。"爸爸走了,我身上不应该有红色的东西,这个指甲油是以前涂的,质量不好,老是抠不掉。"

这段话,是写杨丽娟的出场。前面是白描的写法,后面是引用她说的话。形容词很少,语调冷静,但有一种吸引读者读下去的张力,让读者很想知道杨丽娟到底是个什么性格的人,她变成今天这个样子是因为什么。

02 要有人物细节

当文章有足够的细节时,你笔下的人物就能鲜活起来。

细节的前提是要"入戏",这需要你认真研究和挖掘人物的经历。从经历中选取适当的细节,来突出人物的性格特点,表达文章的主题。

03 收集人物素材

我们都知道,人物稿需要的素材很多,充分的素材既能帮你构思主题,还能吸引读者的注意力。我们要从众多素材中发掘出人物的闪光点,表现出人物经历的低谷与困难,让人物经历有故事性。

一般有以下 3 个途径可以收集需要的素材。

第一，百度百科。百度百科比较全面，还会注明人物成长的时间点和经历的重大事件。但是缺点是很多内容都是众所周知的，很难有新意。

第二，人物作品。如果是诗人、作家、画家或其他领域的艺术家，可以从他的作品中去了解他，这可以让你有更深入的思考，而不只是流于表面地写一写这个人的生平。

第三，人物传记。比起网络信息，人物传记类图书会更加真实可靠，也很容易找到合适的素材。你想写哪个人物，可以先读一读有关的人物传记，再写时内容会更加丰富。

在收集到这么多素材后，一定要有目的地进行取舍。如何判断素材是否需要呢？

第一，你的素材要与你想表达的主题契合。你侧重写的是人物的感情线，还是事业线？不同的侧重点，用到的素材不同。

第二，你收集到的事件有没有趣味性或稀缺性。不要选择那些被多次提及或是众所周知的，最好是比较新鲜的、较少提及的，才能让人耳目一新。

04 写作方法

人物稿常用的有两种写法：一种是平铺直叙，即按照时间顺序描写，这种方法适合刚刚接触人物稿的新手；另一种是按照空间顺序描写，假如把一个人的成长史看作是一个坐标轴，则纵向代表的是人物的个人成长线，横向就是人物的对照线，即列出与人物相同时间发生的事件。

按空间顺序写人物稿的特点是内容更加丰富，对初写者而言有点难度。

两种写法可以一起使用。以时间顺序为轴，选取人生的几个阶段，并且围绕一个人物命运的主题，展开评论，一步步深化要表达的观点。

05 人物稿的布局

开头部分：可以正序、倒序，或者以人物的重大事件作为切入点，引出人物，也可以总体概括人物生平，引出你要表达的观点。具体来说，有5个方法可以尝试。

特定事件引入：选取人物人生经历中的特定重点事件，引出人物和话题。

生平经历引入：概括人物生平，引出主题。

热点事件引入：结合当下的热点事件，分析事件，引出主题。

情感话题引入：适合情感类主题的人物稿，如很多人写过的张爱玲、萧红、林徽因等人物。

经典诗词引入：适合诗人、作家一类的人物稿，如苏东坡。

人物的素材呈现部分，行文节奏主要是："描述+评说"和"引用+评说"。单纯地叙述人物经历会显得单调，加入评说或者富有转折的故事经历，能使人物更有层次感。

在叙述过程中，也要站在客观的角度来写，既不盲目夸大，用词也不要夸张。

在文章中还可以灵活地穿插引用一些金句，升华故事主题，启发读者思考。

一般来说结尾主要有以下三种写法。

升华：总结人物的生平经历，联系现实生活，从而启发读者，产生共鸣。

引用：用名言、俗语、歌词、诗文结尾，文章结尾收束有力。

抒情：用简洁或深含哲理意味的语言点明题旨，强化情感，表明观点和态度，增强感染力，让读者有回味无穷的感觉。

06 修改完善

文稿写完后，需要仔细打磨修改完善，这样写出来的人物才有吸引力。

下面来拆解一篇人物稿。

苏东坡：在最低的境遇，活出最高的境界

每个人心中，都有一个苏东坡。

每逢中秋佳节，我们会在心里默念苏东坡的千古名句："但愿人长久，千里共婵娟。"

孤独失意的时候，会想起苏东坡的这句："拣尽寒枝不肯栖,寂寞沙洲冷。"

遇到人生起伏，失望落寞的时候，也会用苏东坡的这句诗来勉励自己："竹杖芒鞋轻胜马，谁怕？一蓑烟雨任平生。"

就像林语堂说过的：苏轼已死，他的名字只是一个记忆，但是他留给我们的，是他那心灵的喜悦、思想的快乐，这才是万古不朽的。

苏东坡活成了一代文人的精神脊梁。如一抹清辉，隔着山河岁月，照彻古今。

前半生苏轼，后半生苏东坡

公元 1057 年，苏轼进京赶考。主考官是大文豪欧阳修，当他读到苏轼的文章，赞叹不已。他本以为是自己的学生曾巩写的，为了避嫌，便将本该第一名的成绩定为了第二名。哪知解封一看，作者竟是苏轼。

再看苏轼之前写的旧文，欧阳修更是惊叹："读轼书，不觉汗出，快哉快哉，老夫当避路，放他出一头地也。""出人头地"这个词儿就是这么来的。

才华横溢，举世无双。进士及第，名动京师。就这样，苏轼一出场就惊艳了整个大宋。

然而，命运无常，人生总是充满了变数。

1079 年，苏轼因"乌台诗案"入狱。死里逃生，被贬黄州。

黄州，是苏轼的命运转折点。到了黄州，他脱下文人长衫，换上布衣芒鞋，

躬耕于东坡,从此自号"东坡居士"。

为改善伙食,他还研究了东坡肉、东坡羹。即使贫困艰辛的日子里,他依然将生活过得热气腾腾。

林语堂说,苏东坡是一个"不可救药的乐天派"。他曾被命运高高地举起,准备大有一番作为的时候,又被命运重重摔下。

苏东坡的一生,年少丧母,青年丧妻,中年丧子,仕途不顺,一贬再贬,只有短暂的一时繁盛。从成名时的万众瞩目,到被命运夺走一切,经历了人生的大起大落。

苏东坡总结自己的一生:问汝平生功业,黄州惠州儋州。

他把失意融化了,化成"人间有味是清欢"的艺术美学。他把挫折揉碎了,化成"人生如逆旅,我亦是行人"的洒脱。他把颠沛流离接纳了,化成"此心安处是吾乡"的诗意。

在命运的千锤百炼之下,他早已看淡了人世间的功名与浮华,集儒释道于一身,心如止水,悟彻天地。

诗意,可抵岁月漫长

苏东坡的与众不同,在于他能够将儒家的入世和道家的出世均衡调和。而这样的调和,让他在春风得意时,积极入世,心系天下苍生;在仕途失意时,寄情山水,随缘自适,回归诗意的精神家园。

诗意,是他的热爱,亦是他的铠甲。当人生跌至谷底,内心总要有一些热爱去化解这样的悲伤。

在苏东坡眼中,万物皆可入诗。阳春三月,他与朋友路上遇风雨,大家都没伞,十分狼狈。

雨停之后,他写下了这首流传千古的《定风波》:

"莫听穿林打叶声,何妨吟啸且徐行。竹杖芒鞋轻胜马,谁怕?一蓑烟雨任平生。

料峭春风吹酒醒,微冷,山头斜照却相迎。回首向来萧瑟处,归去,也无风雨也无晴。"

人生，难免会遭遇风风雨雨，与其唉声叹气，指责抱怨，不如从容前行。

仲夏之夜，苏东坡与好友乘一叶扁舟，游览山色。清风徐徐，月光如银，万顷江波，澄净空阔。

世间的所有喧嚣皆已退场，天地之间一片静谧。沐浴着清风明月，置身于天光水色之间，苏东坡挥毫写下了《赤壁赋》（亦称《前赤壁赋》）："盖将自其变者而观之，则天地曾不能以一瞬；自其不变者而观之，则物与我皆无尽也。"

天地之间，没有什么是永恒的，所有的困苦终将过去。他用诗抚慰了自己，也温暖着我们。

人生总要有点热爱，有所坚持。苏东坡的诗意人生，不是消极的避世，而是超然物外的洒脱，宠辱不惊的淡泊。

同年九月，苏东坡夜饮晚归，敲门半天不应，才知家僮已然入睡。于是他独自来到江边，听惊涛拍岸，看风起云涌，思绪万千，吟出了《临江仙》："长恨此身非我有，何时忘却营营？夜阑风静縠纹平。小舟从此逝，江海寄余生"。

无论生活多难，他都能够取悦自己。在那个克己复礼的时代，他活得自然，活得通透，在一条布满荆棘的路途上，他活出了最有趣的模样。

如白落梅在《苏东坡传》里所写：无论处何境，用哪种方式，他皆能从困苦中找到岁月的一盏清光。轻轻挥舞衣袖，即可化作庄子的鹏鸟，放下尘俗，飞到云天。

几时归去，作个闲人，对一张琴，一壶酒，一溪云。

在最低的境遇，活出最高的境界

苏东坡在《东栏梨花》里写道："惆怅东栏一株雪，人生看得几清明。"他始终清醒而坦然。

当一个人看清了人生的真相，便无畏风雨和波折。接受生活，与自己和解，让自己活得更自在，更快乐。人生很重要的能力，就是无论生活有多难，也能够让自己快乐。

痛苦面前，人人平等。平凡的我们，也许不会如苏东坡一般经历大起大落，却依然有各自的精神炼狱：是名利的束缚，是爱恨的执着，更是理想与现实的矛盾和差距……

面对人生的风雨，苏东坡写下"归去，也无风雨也无晴"的洒脱。即使一再被贬，仍有"乱石穿空，惊涛拍岸，卷起千堆雪"的气魄。

苏东坡说自己"上可陪玉皇大帝，下可以陪卑田院乞儿，眼前见天下无一不好人。"无数失意愁苦之人，也从他的身上汲取直面生活的勇气和力量，渐渐远离忧伤和愤懑，变得更加宽容和温暖，那是一种包容万物的慈悲，是笑纳一切的达观。

正如董卿在中国诗词大会上，提到苏东坡时所说的评语——在最低的境遇，活出最高的境界。

"人生到处知何似，应似飞鸿踏雪泥"，学习他的人生态度，可得超脱；学习他的生活态度，可得趣味；学习他的艺术态度，可得境界。

人生为何不快乐？只因未读苏东坡。

读懂苏东坡，便是人生快乐的开始。

我们来解析一下这篇文章。

标题：人物+主题。

开头：以苏东坡的诗词作为开头，引出主题。

结构：第一部分写人生经历，为后面两部分内容做铺垫；第二部分写诗意人生，用诗词体现人生追求；第三部分写人生境界，以及对读者的启发。

结尾：总结，升华主题。

写这篇文章之前，我读了一本苏东坡的传记，又查了很多苏东坡的事迹资料。然后确定我想写的人物主题，搭建框架，填充内容。

文章写好后，第一遍不太满意，一直放了一个星期之后，重新修改打磨，最后完稿。

很多人物都被别人写过，那么我们再写的时候，就要重新提炼主题，找到自己写作的切入点,写出新意。

金句创作：金句，为你的写作锦上添花

什么样的句子,可以被称为金句?

一般来说,金句是文章主题的一个概括,可以简单明了地表达出文章的主题。这些金句,要么短小精悍,一语中的;要么发人深省,直抵内心。

好的金句,可以引起读者共鸣,也可以让人产生强烈的思想冲击,过目不忘。

金句,有什么作用呢?

优秀的文章中,总会有几个打动人心的金句,读起来朗朗上口,既有美感,又富有情感和哲理。

一般来说,金句有以下两个作用。

第一,金句能给读者留下深刻的印象。

金句,就像文章的点睛之笔,让读者读之印象深刻,甚至有想要摘抄下来的冲动。

好的金句,可以表达出读者想说但又不知道如何说出来的话,很容易引起读者的共鸣。

第二,金句可以升华主题。

有的金句可以起到升华主题的作用。读者只要读到这句话,就知道这篇文章的主题是什么,知道作者想要表达的思想是什么。

所以,对于写作者来说,既要善于积累金句,也要善于创作金句,为自己的文章增彩添色。

既然金句如此重要,那么我们平时如何积累金句呢?

01 多读一流的文学作品

在读书的过程中,把自己喜欢的句子或者段落摘抄下来,放在自己的素材库里,随时可以翻出来学习、模仿。

给大家分享一些《瓦尔登湖》里面的经典语录:

智慧的一个特色,就是做不顾一切的事情。

我看到那些岁月如何奔驰,挨过了冬季,便迎来了春天。

有时间充实自己的精神生活,这才是真正的休闲。

爱情无药可医,唯有爱得更深。

类似的经典语录还有很多。我们在读书的时候,可以把自己喜欢的,或者触动自己内心的句子摘抄下来。

当自己写文章写到类似主题的时候,就可以适当引用。也可以模仿学习,试着自己创作金句。

当自己没有东西可写的时候,也可以翻翻收集的金句,激发自己的写作灵感。

02 借鉴影视剧中的经典台词

我们在平时追剧或者看综艺的时候,一些喜欢的句子,或者经典台词,都可以收集下来。

比如我在看《肖申克的救赎》这部电影时,就收集了很多经典台词:

希望是美好的事物,也许是世上最美好的事物,美好的事物从不消逝。

懦怯囚禁人的灵魂,希望可以令你感受自由。

心若是牢笼,处处为牢笼。自由不在外面,而在于内心。

万物之中,希望最美;最美之物,永不凋零。

我收集了很多关于"希望"的经典台词,当我写关于"希望"的文章时,就可以选择性地引用这些金句,为自己的文章锦上添花。

03 善于从生活中积累

只要留心,生活中也有很多触动人心的句子。

记得有一次我去超市买菜,结账的时候,看到收银员电脑屏幕上的一句话:我曾踏月而来,只因你在山中。

当时我一下子就被迷住了,记住了这句话,然后打开百度搜索,知道这句话出自席慕蓉的诗《山月》,原文如下。

我曾踏月而来

只因你在山中

山风拂发,拂颈,拂裸露的肩膀

而月光衣我以华裳

非常唯美深情的一首诗,语言、意境都让人喜欢。

当我写文章的时候,写到类似主题,就可以引用她的这句话,或者根据我的文章主题,再创作出新的有感染力的句子。

积累金句,仅仅是一个基础。写作初期,我们可以适当引用积累的金句。但作为一名成熟的写作者,我们也要学会自己创作金句。

那么,如何创作金句呢?在这里,给大家分享一下金句创作的注意事项。

● 高度凝练,精简句子

我们写文章的时候,最忌讳长篇大论。写起来很累,读者读起来更累。

在写金句的时候,更要注意,句子不要太长,不要过于冗杂。

比如,我曾写过一篇哲理美文《手执烟火以谋生,心怀诗意以谋爱》。其实光看标题,一个金句就已经深深地烙印在脑海中。短短两句话,就把观点和态度表达出来。

如何使金句更加凝练?

首先,要敢写,大胆地写出来。在写之前,可以先打个草稿,把要表达的想法完整地记录下来,然后精简修改,只留取最重要、最关键的句子。通过不断删减修改,金句的内容就留下了精华的部分。

其次，写金句的时候，可以多用概括性的词语，如成语，或者一些约定俗成的俗语、典故、歇后语、名言警句等。在平时的写作中，我们可以多积累。

比如这句："好看的皮囊千篇一律，有趣的灵魂万里挑一。"

格式上对仗工整，同时概括了"皮囊"和"灵魂"的特点，令人过目不忘。

◆ 把握主题，紧扣主题

主题是一篇文章最核心的内容。只要你动笔，不管写什么，都离不开主题。

而金句，就是对文章主题和中心思想的一个概括。所以我们在写金句的时候，始终要提醒自己，一定要围绕文章的主题去写。

只有对应文章主题的金句，才能很好地把文章的主题思想表达出来。

这一点和我们写文章是一样的。无论内容多么天马行空，主题都不能跑偏。

比如说你写一篇"安静"的文章，结果金句是针对"孤独"的，那当然不行。

金句要能准确地传达中心思想。因此，在确定了文章的主题之后，金句的创作，就要紧紧围绕这个主题展开。

可以多找几个跟主题契合的关键词，看看哪个关键词最能体现主题，就可以放在金句里面。

◆ 多写多练

写金句和写文章是一样的，都需要多写多练，才能不断完善。

刚开始，我们可以多模仿一下经典的名人名言、美文美句，以及一些有价值的金句。

看得多了，练得多了，慢慢自己也会写得越来越好。

我们可以欣赏一下名家的金句：

满地都是六便士，他却抬头看见了月亮。

这个金句被很多人当作座右铭，也被很多写作者引用在文章里。那么，这个金句好在哪里呢？

简单来分析一下，这句话先是点明现实：满地都是六便士。再说愿景：

抬头看见了月亮。而且这两句话之间，还有隐喻和转折，六便士代表着现实的卑微，而月亮代表着崇高的理想。强烈的对比，能够让读者一下子记住，很有震撼力。

类似的还有：

得之，我幸；不得，我命。——徐志摩

有多少繁花满枝，就会有多少秋叶零落。——白落梅

若是有缘，千山暮雪，万里层云，终会重逢；若是无缘，自此一去，天涯海角，再难相会。——白落梅

如果你认识从前的我，那么你就会原谅现在的我。——张爱玲

繁华褪尽，人比烟花寂寞。——张爱玲

笑，全世界便与你同声笑；哭，你便独自哭。——张爱玲

所谓最难忘的，就是从来不曾想起，却永远也不会忘记。——莫言

好的金句，没有固定的标准和模板，只要能够表达主题，能够引起读者共鸣，就是不错的金句。

最后再分享一些常用的创作金句的具体方法。

◆ 重复法创作金句

使用重复的名词、形容词，或者动词，通过重复来增加语言的气势。

举个例子感受一下：

你要是愿意，我就永远爱你；你要是不愿意，我就永远相思。——王小波

人生四然：来是偶然，去是必然，尽其当然，顺其自然。——莫言

◆ 押韵法创作金句

类似诗词创作的方法，前后押韵，读起来朗朗上口。

比如这句："人生实苦，唯有自渡。"这句话中的"苦"和"渡"两个字，读起来特别押韵，容易记忆。

例句：有情不必终老，暗香浮动恰好。我与春风皆过客，你携秋水揽星河。

♦ 对偶句式创作金句

对偶句式是用字数相等、结构相同、意义对称的短语或句子,来表达两个相同或相反意思的句子。这类句子特别整齐、对称,读起来干脆利落,主题鲜明。

例句:锲而舍之,朽木不折;锲而不舍,金石可镂。

♦ 变换句式创作金句

前后相同的词,互换位置,达到不一样的表达效果。

比如这句:强大,从来都不是为了左右别人,而是为了不被别人左右。

例句:当你凝视深渊时,深渊也在凝视你。——尼采

♦ 转折法创作金句

前后转折,通过对比突出金句的思想,增加表达力。例句如下。

我以为爱情可以填满人生的遗憾,然而,制造更多遗憾的,却偏偏是爱情。——张爱玲

人的一切痛苦,本质上都是对自己无能的愤怒,而自律,恰恰是解决人生痛苦的根本途径。——王小波

世界上任何书籍都不能带给你好运,但是它们能让你悄悄成为你自己。——赫尔曼·黑塞

♦ 否定法创作金句

通过全否定或者半否定的方法,来表达主题。

完全否定式:我一直以为人是慢慢变老的,其实不是,人是一瞬间变老的。

半否定式:这个世界如此美好,值得人们为它奋斗。我只同意后半句。

♦ 问答式创作金句

通过提问和回答的方式,加强作者的情感表达。

例句：哪里会有人喜欢孤独，不过是不喜欢失望罢了。——村上春树

◆ **数字法创作金句**

用数字来强调作者想要表达的内容。

例句：对于三十岁以后的人来说，十年八年不过是指缝间的事，而对于年轻人而言，三年五年就可以是一生一世。——张爱玲

关于金句，我们在平时的写作中，要多写多积累。要要有持续的输入，厚积才能薄发，真正内化于心，就能越写越好。

第六节　干货文写作：分享经验，提供价值

自媒体时代，其实也是内容为王的时代，这就要求我们在写作的时候，不仅要文笔优美，还要考虑文章能够给读者带来什么价值，也就是我们常说的，文章要有价值、有意义、有信息增量。

所谓干货文，其实就是作者结合自己的经验，分享自己的经验和心得，给读者提供方法、技能，或者思维认知。

本书就属于干货类的图书，给大家分享写作的方法、思维及各种文体的写作技巧。

下面先来具体说下干货文的分类。

第一类：经验类干货文

不管是生活中的经验、工作中的经验，还是写作经验、演讲经验，都可

以分享出来，写出来。

并不是要求我们必须多么优秀，做到行业第一才有资格出来分享经验，而是静下心来把自己成功的经验、踩过的坑，分享出来，写成经验类的干货文，给那些没有经验的人参考。

我坚持写作6年，总结了很多写作方法和经验。那么，我就可以把我的经验分享给同样喜欢写作的人。只要对他们有帮助，我的分享就是有价值的。

我的写作理念就是：坚持写作，持续精进。在写作中，遇见更好的自己，通过分享写作经验，我就可以影响更多喜欢写作的朋友，一起写作。

写作，可以作为终身的爱好和事业，既可以充实自己，也可以通过写作打造个人品牌。

第二类：专业类干货文

这类文章就是从自己的专业出发，通过写作分享自己的专业知识和技巧。

有的人是医生，就可以写医学方面的干货文章。有的人是化妆师，就可以分享化妆方面的心得。

关键是，把读者关心的话题，与自己的专业结合起来，把复杂的问题简单化，把专业的问题通俗化，让读者读了以后，一目了然，能够学到东西。

第三类：解答问题专栏

通过与读者互动，采用问答的形式来写，这种类型的干货文在知乎和今日头条的悟空问答非常常见。

作家庆山的公众号开设有读者问答的专栏，她有一本书《心的千问》，就是根据读者互动写出来的。

这样的好处是，既有了写作的素材，又可以与读者互动，增加读者黏性，还可以筛选合适的问答文章，出版图书。

那么，如何创作干货文呢？

我之前也写过很多关于写作方面的干货文章，一方面是记录自己的反思与总结，另一方面也可以给读者提供写作方法与技巧参考。

一般来说，写干货文有 6 个步骤。

第一，确定主题。干货文的主题，就是围绕你要分享哪一方面的内容，读者的需求是什么，怎么做等方面展开。

第二，收集素材，介绍方法。确定主题以后，就要开始介绍解决问题的方法和技巧。一步一步来写，简明扼要，通俗易懂，让读者读了之后，就知道怎么做。在写作过程中，也可以加上故事和案例，让文章读起来更加生动，轻松有趣。

第三，取一个吸引人的标题。好的标题，往往能够在第一时间吸引读者。干货文的写作也是如此。标题可以直接突出你想要表达的内容和要解决的问题。那么，对这部分内容感兴趣的读者，就会直接打开阅读。

例如，我之前写过一篇关于写作的干货文——《从 0 到 1，开启写作之路》，标题中就用了数字来吸引读者的注意。

第四，好的开头和结尾，为文章增彩添色。好的开头，可以让读者有继续读下去的欲望；好的结尾，可以让读者忍不住转发分享。

在文章《写，是写作最好的老师》里，开头我直接点明主题：

写作，是内在情感的一种表达。

有的人写作，是为了记录时光。有的人写作，是出于对文字的热爱。有的人写作，是为了投稿变现。

每个人的想法不一样，但都无可厚非，于自己而言，都是有意义的。

写作的第一步，就是突破内心的障碍，开始大胆地写。

结尾我是这样写的：

人生，没有白走的路，每一步都算数。人生，也没有白写的字，每一个字都是为了遇见更加优秀的自己。

写作，是漫长的旅行。旅行中，有绵延不绝的风景。而我们，有孜孜不倦的写作追求。

余生路漫漫，上下而求索。和大家一起写，写到天荒地老，写到海枯石烂。

结尾处，我鼓励大家一起写，坚持写。对于热爱写作的人来说，可能就会感受到一股力量。

第五,加入金句,提升文章价值。虽然是干货文,但我们依然要在文章里面加入金句。用精练简洁的语言,提升文章的价值,让读者读了之后印象深刻。

第六,反复修改,打磨完善。修改是写文章的最后一步,也是很重要的一步。

初稿写好之后,一定要记得检查、修改,不断打磨完善。

写干货文,不要求辞藻多么华丽,但分享一定要真诚,有内容、有价值,真正对读者有帮助。

第五章
写作变现

通过写作，打造个人品牌

第一节 写作变现：写作变现的8个方式

经常有写作者问我："写作可以变现吗？"答案是：当然可以。

很多喜欢文字的人，内心深处都有一种文字情怀，把写作当作一种精神寄托。

在以往的课程中，我也很少与大家提到变现。但是，生活在现代生活中，情怀很重要，面包也是必不可少的。

一方面，我们把写作当作个人兴趣爱好，丰盈我们的精神世界；另一方面，我们也可以通过各种变现方式，实现物质方面的丰收。

不过，需要明确的一点是，变现，不是写作的目的。变现，是我们写作写到一定程度之后，自然而然、水到渠成的结果。

写作变现的前提是，你的文章达到了某个可以变现的水平。

如果刻意追求变现，那么写作就失去了本来的乐趣。看到别人宣扬稿费多少，或者通过写作变现多少，就很容易迷茫和焦虑。

过度地关注结果，过度地追求变现，会舍本逐末，实际上是对自己写作的一种内耗。

只有当我们静下心来，好好写作，认真打磨自己的作品，才有机会实现变现。

下面就来谈一谈写作变现的几种方式。

第一种方式：稿费变现

稿费变现是最直接的一种变现方式。投稿的文章，一定要注意是原创首发。原创是指文章是自己创作的，没有抄袭、"洗稿"；首发是指投稿的这篇文章没有在其他任何平台发布过。

投稿纸媒或者自媒体平台都可以。平时可以多多收集征稿信息，按照平台的要求和格式进行投稿。

有一些平台是没有稿费的，但投稿可以增加文章的曝光率，提升作者的影响力。有一些平台是有稿费的，稿费根据平台大小而有不同。一般来说，大平台要求高一些，稿费也高一些；小平台要求低，稿费也相对较低。

投稿之前，需要认真阅读平台的征稿要求，如字数、格式和文体等，也需要多读一些该平台已经发布的文章，研究平台的文风和调性。

投稿时，也要收起自己的"玻璃心"，做好被拒稿的心理准备。很多时候我们投稿不可能一次就过，可能会被拒稿，也可能需要按照编辑的要求修改文章。

被拒稿的时候，不要灰心，不要觉得自己写得不好，或者埋怨编辑。静下心来，好好反思是哪里出了问题？如果是文风不符合，可以投其他平台；如果是文章主题和内容不符合征稿要求，就需要好好修改，或者重新写。

那些经常上稿的作者，或者平台的签约作者，也是经历了无数次拒稿，慢慢调整自己的写作方向和写作风格，才有了现在的成绩。

所以，对于想投稿变现的写作者来说，一方面要提升自己的文章质量，另一方面要不断地收集投稿信息，找到适合自己的平台，不断地尝试。终有一天，自己也可以通过投稿实现写作变现。

第二种方式：打赏变现

各个内容平台，一般都有赞赏功能。

当你的文章引起了读者共鸣，或者读者特别喜欢你的这篇文章，就会打赏。打赏金额虽然不多，但对于写作者来说，也是一种小小的鼓励。

我的文章收到的打赏，从 1 元到 200 元不等，但每次看到读者的打赏，我的内心都特别感动。

打赏金额不在于多或少，而是这种打赏的形式，是对我们文章的认可。

第三种方式：流量变现

所谓流量变现，特指平台的流量变现。

例如，个人的公众号开通流量主之后，就可以获得流量收益。文章中插入的广告和文章末尾展示的广告根据曝光量和点击率来计算广告费用。一般来说，阅读量越高，收益越高。

又如，在头条号和百家号上发布文章，根据文章的阅读量可以产生流量收益。我有一篇美文发布在今日头条上，阅读量 20 多万次，单篇文章的流量收益有 200 多元。

对于写作者来说，同一篇文章，可以多平台发布（仅限于自己的账号，而非投稿），获得多平台流量收益。

第四种方式：参加各种写作活动或者征文活动

各个平台都会有很多的写作活动和征文活动，大家也可以多多参与。

今日头条推出过"青云计划"，我曾有三篇文章获奖，单篇文章奖金 1000 元，平台还有流量扶持。现在今日头条也有很多的有奖征文活动，都有不同金额的奖金。

除了平台，一些商家也会推出一些征文活动。我也曾参加过一个茶叶公司的征文活动，获得一等奖，奖品是一提价值 8000 元的茶叶。

参加各种写作活动，如果获奖，既可以获得各种奖励，也可以增加自己的影响力。就算没有获奖，对自己来说，也是一种锻炼。

第五种方式：接广告或者商单变现

个人公众号只要有一定数量的"粉丝"，就可以接广告。我的公众号开通两个多月的时候，就已经有商家联系我投放广告了。

如果写作者在头条号、小红书等平台有一定的"粉丝"量，也可以带货或接商单。商家提供写好的文案和图片，作者只需要按要求发布即可。

写作一段时间后，只要自己的平台或账号有一定的"粉丝"，都会有接广告和商单的机会。但我们需要注意甄选，有些广告或商单可能不正规或者存在其他风险，接的时候必须慎重。

第六种方式：商品变现

通过自媒体平台积累一定的读者和"粉丝"，还可以销售与自己业务相关的商品。

我身边就有写作者，通过写作积累了大量读者和"粉丝"，然后开始做商品推广，加盟了一个水果品牌，她又利用自己的影响力建立社群，大力推广，发展了很多经销商。

写作就是一种无形的信任资产。读者通过阅读你的文字，对你会更有信任感，也更容易相信你推荐和销售的产品。

第七种方式：出书变现

长期坚持写作，写到一定程度就可以出书。这个时代，出书并不难，只要你有积累，有一定的写作能力，有读者群体，就可以实现出书的梦想。

当你的文章越写越好的时候，当你的文章在各大平台不断曝光的时候，就会有出版社编辑找你约稿。

出书，不仅可以获得版税收入，还可以提升个人影响力，也可以为个人品牌背书。

第八种方式：影响力变现

影响力变现是对写作者要求比较高的一种变现形式。

简单来说，就是通过写作积累个人的影响力，当你有了一定的影响力时，就会拥有更多的资源和机会。可以通过与别人合作变现、投资变现，也可以通过带货、知识付费等方式变现。

你写得越多，写得越好，就越容易建立个人品牌，就会有更多的人认识你、了解你、信任你，你的变现机会就会越来越多。

第二节　平台运营：多平台运营，扩大个人影响力

自媒体写作时代，写作者也不能只是一味地闷着头写作，还要学会运营平台。多平台运营，可以有效扩大个人的影响力。

现在的平台有很多，流量比较大的平台有微信公众号、微博、知乎、豆瓣、小红书、头条号、百家号、大鱼号、简书、一点资讯等。

微信公众号是非常重要的自媒体平台，"粉丝"黏性比较高。同时，公众号有很多的变现方式，如我们前文提到的流量变现、打赏变现、广告变现。做好个人公众号，也有利于打造个人品牌。

今日头条旗下头条号和百度旗下百家号也是用户量非常大的平台，只要好好运营，就可以快速积累自己的"粉丝"。这些渠道的变现方式较多。

第一，流量收益。写文章和写微头条都会有流量收益，阅读量越高，收益就越高。原创文章的流量收益比非原创文章的流量收益要多一些。

我有一位文友，比较擅长写明星人物稿，写得很有深度，阅读量也很高，甚至有的文章阅读量达到百万次以上，单篇文章的流量收益就有 500～1000 元。她靠着文章的流量收益，每个月写作变现过万元。

第二，问答收益。今日头条旗下的悟空问答中，用户可以挑选自己感兴趣的问题回答，问答质量和粉丝互动直接决定了问答收益。只要观点正确，逻辑自洽，有信息增量，能够给读者提供信息和价值，收益都是不错的。通过悟空问答，既可以获得收益，也可以培养自己的思维能力，还可以为自己的写作提供素材。

第三，付费专栏的收益。付费专栏，是根据自己的专业设置自己的付费课程，上架到今日头条的专栏上。专栏可以用文字、语音或者视频等形式，根据自己的情况而定。

付费专栏最好和自己的写作领域和定位统一。如果你的写作领域是关于

写作干货的，那么可以开通教大家写作的专栏，如果你是心理咨询师，你的写作领域是关于心理健康与成长的，那么可以开通心理学方面的专栏。

第四，带货收益。在今日头条，开通商品卡功能之后，写微头条的时候，就可以带上商品链接。读者通过你的介绍下单购买，你就会得到佣金。

简书：非常适合有情怀的写作者。我最早写作时，就是从简书上开始的。简书操作简单，即便是没有电脑，也可以通过手机下载App，直接打开文档开始写作。

当然，小红书、豆瓣等也可以变现，不同平台规则会有所不同，但底层的运营逻辑是相通的。只要你对标优秀账号，学习和借鉴别人的优势，就能很快摸清平台的风格和调性。

写得多了，运营的时间长了，账号就能慢慢做起来，积累粉丝，实现变现。

当然，任何一个平台的运营，刚开始的时候，都是很困难的。一般来说，当"粉丝"数量积累到一万的时候，平台的运营就会慢慢步入正轨。

如果个人时间和精力能够兼顾，可以多平台运营。一篇文章，可以多平台发布。如果个人时间和精力有限，建议选择两三个平台重点运营。

我身边有一些写作者，是全职写作，时间和精力全部都在写作上，她们大多是多平台运营。同一篇文章，发在不同平台上，阅读量和收益也是不同的。有的文章发在微信公众号上阅读量一般，但发在头条号上能一下子成为爆文。有的文章在头条号上反响平平，发在百家号上却能为自己吸引很多流量。

写作初期，我只在简书上写文章，后来尝试投稿，签约微信公众号。写作两年之后，我慢慢意识到运营平台的重要性，所以开始尝试注册头条号和百家号，以及个人公众号。

一般情况下，我的文章在投稿的公众号和头条号同步首发。头条号是机器检测机制，如果检测到文章在其他平台发布过，那么这篇文章的推荐量就会降低。而原创首发的文章，可以得到更多的推荐量。推荐量高了，阅读量自然也会很高。

接下来，将文章再发布到百家号和简书，时间上没有太多限制。个人公众号我会隔几天，从投稿的公众号上转载自己的文章。

平时，一些练笔的文章，可以首发在个人公众号上，其他平台再发布。

多平台运营，有以下三个方面的优势。

第一，多平台发布文章，可以保护我们的文章。现在很多平台都有原创功能，只要我们开通了原创功能，如果有其他作者"搬运"我们的文章，只要我们已经标注原创首发，其他作者再发布文章，就会被判定为"抄袭"，无法获得更多的推荐。我们一旦发现自己的文章被抄袭，可以申请投诉和举报。平台都会保护原创作者的权益，删除抄袭者的文章，严重者甚至会被封号。

第二，多平台发布文章，可以实现多平台收益。很多平台都有赞赏、带货功能，也有流量收益和专栏收益。有的文章在这个平台收益高，有的文章在那个平台收益高。多平台发布文章，我们就可以实现多平台的多重收益。

第三，多平台运营，可以最大化提升个人影响力。平台有很多，但并不是每个平台都适合自己。初期，我们可以选择多平台运营，慢慢筛选出适合自己发展的平台，重点运营。

当我们在适合自己的平台上做出影响力后，就可以尝试引流，把公域流量转化为私域流量，引导读者和"粉丝"关注你的个人公众号，添加个人微信，打造个人品牌。

有些平台的运营规则在不断地变化，我们需要根据变化不断调整运营思路。

只要用心运营，相信我们都可以做好自己的账号，扩大自己的影响力。

出版图书：新手作者如何出书

几乎每个写作者，都有一个出书的梦想。渴望有一天，能够让自己的作品出现在书店里，出现在读者的书架上。

我也不例外，为了这个梦想，我坚持写作，不曾停歇。2019年，我收到了出版社编辑的邀请，签约了自己的第一本书《在最深的红尘里相逢》。

记得第一本书出版的时候，我的内心既忐忑又惊喜。忐忑的是，怕自己文笔稚嫩，写得不好；惊喜的是，我终于出版了自己的书。

第一本书上市，很快获得了读者的好评。有的读者加我微信，分享读书心得；有的读者因为读了我的书，重新开始写作；还有的读者读完这本书，写了读后感分享给更多的朋友。

大家的喜欢和鼓励，给了我更多的信心和力量。于是，我继续在美文领域深耕，签约出版了第二本书《光阴如禅》。

后来，我开设了自己的写作课，把自己的写作经验和心得分享给更多喜欢写作的朋友。每一节课，我都认真打磨，用心上课。在课程中，有学员说，我的课程干货满满，从中学到了很多东西，可以直接出书给她们当教材了。

我非常感谢她的认可。同时，我开始筹备把课件内容重新优化升级，修改打磨，对接出版社，准备出版。

于是，有了现在的这本书。这本书是我和所有学员的写作经验总结，也是我耗费两年时间不断修改完善的心血。

那么，写作者为什么要出书呢？ 出书有什么价值和意义呢？

第一，出版图书，可以实现写作者的梦想。

在自媒体平台发表文章，和看到自己的作品被出版，感觉完全不一样。

当自己出版了图书，对于写作，会更加敬畏，更有使命感，要对自己负责，对读者负责。每次写文章，都会更加慎重。

第二，出版图书，可以变现。

出书既是梦想和情怀，也可以为我们增加收入。出书本身，就有版税收入，虽然新人版税可能会低一点，但也是对写作的一种回馈和奖励。

第三，出版图书，可以提升个人影响力，打造个人品牌。

出书可以为个人品牌背书，增加信任感和知名度。即使不做个人品牌，工作之余，将自己的专业知识写成一本书，对于自己的职业生涯来说，也是一个加分项。

出书，其实并不遥远。我们出书，也可以不必局限于文学领域。只要你有一技之长，只要你有一定的文字功底，普通人也可以实现出书的梦想。

如何获得出版机会呢？

一个新人写作者，如果没有足够大的影响力，获得出版机会还是有一定难度的，但不代表没有机会。

获得出版机会有以下两种途径。

第一种是主动出击，找到适合的出版社。可以通过各个平台搜索或文友推荐，对接出版社。主动联系出版社的前提是，你有清晰的出版选题，并且有部分书稿或完整的书稿。出版社编辑会根据市场情况来判断要不要签约你的书稿。

第二种是被动吸引，吸引出版社编辑主动联系你。如果你长期写作，有固定的写作领域，并且在一些写作平台有一定的读者群体，只要你的作品有亮点，就能够吸引编辑主动联系你，商量出版事宜。

新手作者出书需要做好下面三个方面的准备。

第一，确定自己的写作文体和领域。

作为一名写作者，我们不可能擅长所有的文体和领域。选择自己适合的且擅长的文体和领域，是非常重要的。想象力天马行空的，可以写小说；对人物特别感兴趣的，可以写人物传记；在某一领域有相当出色的研究的，可以出版专业性强的工具书……

第二，不断提升自己的创作能力。

提升自己的文字表达能力和创作能力是出书的前提。

不管是出版哪一类的图书，如果没有一定的写作能力，即使拿到了选题，也很难坚持写下去。

第三，积累自己的读者，提升个人影响力。

我们平时在各大平台写作，不仅是锻炼自己的写作能力，同时也可以积累自己的读者，提升个人影响力。

出版社选择合作对象的时候，也会更倾向于和影响力大的作者合作。个人影响力越大，带动新书销售的能力就越强。

做好了准备，怎样才能出版自己的第一本书呢？

◆ 对接出版社，确定选题

想要出版一本书，就必然离不开出版社。出书的第一步就是找到合作的出版社。

成功对接出版社之后，可以与出版社一起讨论选题。选择市场接受度高，同时自己又比较擅长的选题。

◆ 写出大纲和样章

选题确定之后，就要着手准备书稿的大纲和样章。大纲包括这本书的大概框架，如文章一共分为几章，每个章节有几篇文章。

样章，要先写出这本书稿的3～5篇文章，交给编辑审核。这样做主要是方便编辑了解作者的写作水平和这本书的大概内容。

除了写大纲和样章，还要准备作者的个人资料，包括作者的个人简介、履历、写作方面获得的荣誉和奖项、各大平台的"粉丝"数量。

选题、大纲和样章都通过之后，出版社编辑就会和作者沟通签订合同事宜，作者签合同时可以重点审核这本书的版税、交稿日期、违约责任等条款。

◆ 创作图书内容及修改

签完合同之后，就要开始创作了。作者可以根据自己的情况，合理安排每天的写作任务，如每天写多少字，每周写多少篇文章，每月写出几个章节。把写作任务细分，更容易减轻自己的创作压力。

如果是已经完稿的稿子，可以按照出版社的要求进行修改。修改也是二次创作的过程，有些时候甚至比写初稿更重要。

♦ 交稿，等待出版

修改完善以后，就可以交稿了。接下来的工作，就是耐心等待新书出版。

新书出版之后，作者要配合出版社的营销活动，参加各种线上线下的新书签售和其他宣传活动，利用作者自己的影响力，带动新书的销售。

写到这里，是否也点燃了你的出书梦想呢？那么，从现在开始，写出第一篇文章，积累自己的第一位读者，为自己的出书梦想努力吧！

第四节 个人品牌：通过写作，打造个人品牌

"再小的个体，也有自己的品牌。"这个时代，是打造个人品牌最好的时代。只要你有一技之长，只要你心怀热爱，就可以打造自己的个人品牌。

那么，什么是个人品牌呢？百度百科上是这样解释的：个人品牌是指个人拥有的外在形象和内在涵养所传递的独特、鲜明、确定、易被感知的信息集合体。能够展现足以引起群体消费认知或消费模式改变的力量。具有整体性、长期性、稳定性的特性。

简单来说，个人品牌就是你给外界的整体印象。打造个人品牌，不是立一个虚假的人设，而是做一个真实的、有趣的人，不仅要传播自己的知识内容，还可以展示自己的生活状态。

打造个人品牌可以放大已知的结果，同时扩大个人影响力。

新时代的我们，该如何打造个人品牌？

人生苦短，要做自己热爱的事情。选对赛道，做自己擅长的事情，更容易做出成绩，把它发展成自己的长板和优势。

长板和优势，是我们打造个人品牌的关键。如果你特别擅长写作，那么可以通过写作来建立个人品牌；如果你特别擅长演讲，就可以通过视频或直

播的形式，扩大自己的影响力；如果你是健身达人或心理咨询师，或者说你本身的经历特别传奇、特别励志，都可以成为你的长板和标签，进而打造个人品牌。

在打造个人品牌的过程中，我们需要注意以下几点。

◆ 内容为王

无论做哪一方面的个人品牌，都需要输出内容。我们平时的写作，就是内容输出的重要方式。演讲、视频和直播也属于内容输出。

我们在选择输出方式的时候，一定要选择自己喜欢的、擅长的，能够最大限度地发挥自己优势的方式。

我选择的输出方式是写作。坚持写作，深耕美文领域，持续输出高质量的文章。关于视频和直播，我也会尝试，但那是辅助的输出形式。

◆ 名师指路

名师指路，就是说在我们打造个人品牌的过程中，最好能够有人引导你。在你迷茫的时候，有人为你指点迷津，带着你向前走。

一个人很容易松懈、懒惰，或者焦虑。但有名师指路，可以少走很多弯路，同时慢慢清晰自己的定位和方向。

除了名师指路，还可以向"大咖"学习，看看"大咖"是如何精进、如何打造个人品牌的，选择适合自己的方式，好好跟着做就可以。

◆ 强化个人形象

现在网络上很火的"个人 IP"其实就是你给别人的印象。我们平时写的文字、发的朋友圈，都是在宣传我们的个人形象。

你是什么样的人，你有哪些优势、哪些特点、哪些核心价值，这些将共同塑造你的个人形象。

◆ 做课程或社群，与用户深度链接

课程和社群，都是个人品牌的衍生产品。比如我自己，是美文写作者，之后又做了写作讲师，开发了写作课、训练营，还有私教陪伴社群。与一群热爱写作的朋友，一起成长，一起进步。

做课程，是把自己的知识和经验通过课程的形式分享出来。有一句话说，教就是最好的学。在做课程的过程中，我们可以更好地反思和总结，把技巧和方法、心得与感悟，讲给需要的人听。

做社群，是陪伴式的，可以与用户有更加深入的交流。大家彼此鼓励，彼此赋能，一起成长。

在我们的写作课里，我见证了很多学员的成长，有的伙伴第一次拿到稿费，有的伙伴在我的推荐下，成功上架图书，很多伙伴成为签约作者，还有很多伙伴加入当地作协……

而我，也在大家的陪伴中，一步步成长。坚持读书，坚持写作，课程不断优化升级，资源也在迭代更新。

对于做个人品牌来说，流量确实很重要。但说到底，流量也只是一个入口，比流量更重要的是你的产品，你的课程体系，你的交付能力，你能够给学员提供的价值和资源。

换句话说，学员能够在你这里获得什么？是能力的提升、思维的开阔、个人的成长，还是资源的迭代升级？ 这些直接决定了课程的口碑。

无论是做课程，还是做训练营，盲目做大并不是好事。做得大不如做得精，这样既能够给学员提供价值，也可以实现自我的成长与突破。

打造个人品牌，一定要基于自身的实际情况，不必浮夸，不必追求完美，真实自然地展现自己就好。

在我们打造个人品牌的同时，会有来自各个方面的评价。对于别人的评价，过于在意就容易焦虑、迷茫。在这种时候一定要建立自己的价值体系。通过你自己的价值体系来判断这些评价是否有价值，如果那些评价是有用的，你就需要采纳；如果无用，那么可以直接忽略，不必在意。

大众心理的三个属性：喜恶同因、刻板印象、众口难调。我们需要承认一点，无论我们做得多好，都会有人喜欢，也有人讨厌，甚至有时候，别人喜欢的和讨厌的是你身上同一个特质。

经纪人杨天真曾说，很多人喜欢她是因为她自信、果断和雷厉风行，觉得她很厉害。后来，她发现，那些不喜欢她的人讨厌她，也是因为她的自信、果断和雷厉风行，觉得她难以接近。其实，有时候喜欢和讨厌都是别人看到我们身上的某一个点而做出的自身反应，跟我们并没有太大关系。

众口难调，我们永远无法让所有的人都认可我们，那么，勇敢做自己就好，发挥自己的光和热，照亮自己，也温暖喜欢你的人。

我们不需要背负太多的心理负担。一方面正视自己，明白自己的优点和缺点；另一方面，对自己有明确清晰的定位，不会因为别人的评价而乱了自己的阵脚。很多人做个人品牌初期，会不断地追求完美。其实，完美并不存在。我们需要不断优化自己，但不必刻意地抹杀自己的所有缺点。因为人永远不可能没有缺点，我们必须承认它，接纳它，然后不断完善它。

如何积累私域流量，为个人品牌助力？

打造个人品牌，重要的一环就是积累自己的私域流量。关于积累私域流量，给大家分享以下几个切实可行的方法。

♦ **学会引流**

全网统一的笔名、头像和个人标签，有助于把读者引流到自己的私域流量池。

我们的笔名和头像，最好能够全网统一。名字要符合自己的文风特点，好听好记，确定之后，就不要随意更改。

我的笔名是茶诗花。我是一名高级茶艺师、茶道美学讲师。我做茶12年，自己开了一间茶馆。茶，突出了我的本职工作与兴趣爱好。

诗，因为我喜欢诗词，喜欢美文，同时表达了我的文风特点——富有诗意。

花，作为名字的后缀，代表了我对一切美好事物的向往和追求。

现在，只要在网上搜索我的笔名"茶诗花"，就会出现很多我写的文章及与我相关的文章。这对我来说，都是一种宣传。我的第一本书《在最深的红尘里相逢》上市之后，有位读者就是在百度上看到了一篇我的文章，从文章末尾我的微信号联系到我，购买了我的签名书。

头像，最好是清晰的正面照，端庄、自信、自然、大方。在网络上，我们不可能和每位读者见面，那么头像就是我们给读者的第一印象。

标签，就是我们的个人简介。我的个人简介是这样写的：茶诗花，安静的写作者，文字里的修行者。公众号安般兰若签约作者，河南省作协会员，中国散文学会会员。多篇文章被《人民日报》《新华社》《洞见》《十点读书》等千万级大号转载。开一间茶馆，饮红尘悲欢。执一支素笔，写世间温情。已出版美文集《在最深的红尘里相逢》《光阴如禅》，全网热销中。公众号：茶诗花。

这份简介，就是我个人的一个标签。安静的写作者，文字里的修行者，突出了我的文字情怀；公众号安般兰若签约作者，河南省作协会员，中国散文学会会员，是我写作几年的履历与认证。文章被多个大号转载，是文章受欢迎的一种体现。"开一间茶馆，饮红尘悲欢。执一支素笔，写世间温情"，是我不同于其他写作者的特点。

笔名、头像和标签设置好之后，就可以通过各种方式引流了。

♦ 持续输出

持续创作并输出优质的内容，如写文章、出书、拍摄视频或者直播。

我个人更喜欢通过写文章来输出内容。网感比较好的朋友，也可以尝试一下拍摄视频，做直播来引流。

♦ 学会借势

借势对所有想扩大自己影响力的人来说，都非常重要。

我经常会收到各个文学群的邀请，做写作方面的分享。那么，我精心准备一场分享，只要足够真诚，分享的内容有价值，那么，分享结束以后就会有很多人加我微信，和我成为微信好友，我就有更大可能认识其他领域的"大咖"。

另一种方式，就是朋友圈互推。所谓朋友圈互推，就是一个人写好朋友圈文案，配上好看的图片及此人微信的二维码，他人将这些发布在朋友圈邀请朋友加这个人。

圈子里的"大咖"老师们，也会和我进行朋友圈互推。如果我们各自有1000位微信好友，那么，通过互推，就会有对方的微信好友加自己的微信，双方的私域流量都在增长，互利双赢。

◆ 通过公域流量引流

我们在各大平台上写作，文章末尾都可以加上自己的微信号，让喜欢我们文章的读者，通过微信号与我们产生更加深入的联系。

有的平台不允许放个人微信号，那么可以将个人微信号换成个人公众号，哪怕只是写上公众号的名字，也可以把公域流量导流到私域流量池。

打造个人品牌，不是一朝一夕的事情，需要我们持之以恒地去做。

希望每个写作者都可以通过写作，提升自己的影响力，打造个人品牌。